바른 성품

셀프헬프
self·help
시리즈❶

"나다움을 찾아가는 힘"

사람들은 흔히, 지금의 내가 어제의 나와 같은 사람이라고 생각한다. 이것만큼 큰 착각이 또 있을까? 사람은 매 순간 달라진다. 1분이 지나면 1분의 변화가, 1시간이 지나면 1시간의 변화가 쌓이는 게 사람이다. 보고 듣고 냄새 맡고 말하고 만지고 느끼면서 사람의 몸과 마음은 수시로 변한다. 그러니까 오늘의 나는 어제의 나와는 전혀 다른 사람이다. 셀프헬프self·help 시리즈를 통해 매 순간 새로워지는 나 자신을 발견하길 바란다.

회사가 원하는 인재를 어떻게 찾을 것인가

바른 성품

초판 1쇄 인쇄 | 2018년 3월 1일
초판 1쇄 발행 | 2018년 3월 5일

지은이 | 이성조
발행인 | 김태영
발행처 | 도서출판 씽크스마트
주　소 | 서울특별시 마포구 토정로 222(신수동) 한국출판콘텐츠센터 401호
전　화 | 02-323-5609 · 070-8836-8837
팩　스 | 02-337-5608

ISBN 978-89-6529-177-0　03190

이 도서의 국립중앙도서관 출판예정도서목록(CIP)은 서지정보유통지원시스템 홈페이지(http://seoji.nl.go.kr)와
국가자료공동목록시스템(http://www.nl.go.kr/kolisnet)에서 이용하실 수 있습니다.(CIP제어번호: CIP2018002245)

씽크스마트 • 더 큰 세상으로 통하는 길
도서출판 사이다 • 사람과 사람을 이어주는 다리

회사에서 원하는
인재를 어떻게
찾을 것인가

바른 성품

이성조 지음

추천의 글

성품의 균형이라는 기초공사가 튼튼한 사람만이 직무의 균형, 인간관계의 균형, 일과 가정의 균형을 잡고, 더 많은 성취를 안정적으로 해낼 수 있다. 이 글은 성품의 균형과 확장에 대한 이야기이고, 사회와 직장에서 다양한 성품유형에 따른 실제 사례들을 담고 있다. 조직 구성원들이 성품에 대한 이해를 넓히는 데 도움을 얻을 것이다.

– 서울교육대학교 초등교육과 교수 이수영

뇌과학의 발달로 본능동기의 연구가 다시 활발해졌습니다. 성품은 인지체계의 구성요소로서 정서적인 반응행동의 패러다임을 결정합니다. 성품에 따라 사회적 관계성이 형성되므로 사회적 역할(직업)에 적합한 성품개발과 관리가 필요하지요. 이 책은 바로 이 부분을 지원해줄 것입니다.

– 효산경영연구소장 편창규 박사

바른 성품

조직원들은 어떠한 습성으로 무슨 생각을 하며 직장에서 하루 대부분의 시간을 보내는지 경영자나 기업문화 담당자가 생각해볼 주제를 다룬다. 결국 경영자가 만들고자 하는 기업문화는 조직원에 대한 이해와 공감에서 출발하기에 꼭 읽어야 할 책이다. 대부분의 직장인이 본인의 성품을 두고 고민할 여유가 없는 현실에서 필자의 경험을 바탕으로 공감할 수 있는 내용이 돋보인다.

– 현대건설 기획실 경영전략팀장 윤호식

자기 분야에서 탁월한 업적을 남긴 사람들의 공통점은 자기인식(Self-Awareness)에 뛰어나다는 것이다. 자신을 객관적으로 이해하고 인식하는 것이 직업과 사회에 기여하는 힘의 원천이다. 이 책은 자신과 타인, 나아가 조직에 대한 깊이 있는 이해를 통해 성공적인 인생을 살도록 훌륭한 지침서가 되어줄 것이다.

– 삼성인력개발원 글로벌리더십팀 차장 권아현

조직구성원의 인간적 성향(인성, 성품), 즉 인간 내면의 '진짜' 모습을 파악하는 데 탁월한 통찰력을 주는 글이다. 관리자, 경영자, 직장인들에게 일독을 권한다.

– 파고다교육그룹 부사장 박윤길

방향 없이 흘러가는 인사관리라는 배에 나침반 같은 책이 나타났다. 조직원 역량개발의 근거와 갈등의 원인을 파악하는 데 근본 지침을 찾는 이들이라면 한 장 한 장 넘겨보길 바란다.

– 한국존슨앤드존슨 ER팀 차장, 공인노무사 김병열

올바른 성품이 성공을 부른다! 성품의 형성부터 개발, 성공으로의 연결고리까지 필자의 경험을 토대로 명쾌하게 분석했다. 현시대 직장인에게 필독서로 추천한다.

– 이트너스 이사 박성완

이 책은 사람에 대한 통찰과 분석을 다룬 기존의 인지심리학과 뭔가 다르다. 사람의 본질을 물 흐르듯 파악하고 그 속에서 이해와 관계를 다룬 점에서 신선하다. 실제 조직이나 사회를 보면 어렵사리 성과를 쌓고 성공을 맛보려는 찰나에 뒤안길로 내려가는 이들이 적지 않다. 성품은 그런 결정적 순간을 판단하게 하는 요인이다. 인사담당자뿐만 아니라 조직과 사회의 리더가 이 책을 읽고 나서 사람을 대한다면, 상대를 향한 자신의 행동과 태도가 크게 달라졌음을 느낄 것이다. 새로운 시각으로 사람을 이해하게 해준 저자에게 고마운 마음을 전한다.

– 휴맥스 HR팀 매니저 이은정

부모로서 아이의 인격형성에 대한 책임감과 함께, 나 자신을 돌아보는 계기가 되었습니다. 저자의 경험, 사회관계, 학습의 깊이가 느껴지는 책입니다.

— 동화노무법인 부대표, 공인노무사 김혜란

실무현장에서 부딪힌 문제들에 대한 집요한 고민과 끈질긴 집착으로 탄생한 결과물로서, 개인의 성과를 예측하는 트리거인 '성격'에 대한 실증적이고 체계적인 탐구보고서이다.

— 현대자동차그룹 기획조정실 김동진 박사

가정과 학교에서는 입신양명, 회사에서는 연공서열에 따른 상명하복만 강요당해온 한국의 직장인은 이제 주변 사람들에게 24시간 SNS로 평가받으며 산다고 해도 과언이 아니다. 이런 시대의 직장인에게 타인의 시선이 아닌 올바른 잣대로 스스로를 돌이켜보고 성장의 방향성을 만들어야 한다고 저자는 전한다. 개인이 자신의 인성과 자질, 역량을 이해하고 발전시키며 공동체에 어울리는 인재로 성장하는 발판이 되어줄 책이다.

— 제주항공 인사팀 차장 김정훈

머리말

사람을 움직이는 건
바른 성품

두 다리가 길고 튼튼하면 한쪽 팔은 짧아도 된다고 생각하는 사람이 있을까? 남보다 시력이 훨씬 좋으니까 한쪽 귀는 잘 안 들려도 된다고 생각하는 사람이 있을까? 우리는 어느 것 하나 포기할 수 없다. 작은 것 하나 때문에 전체가 엉망이 되는 일이 비일비재하기 때문이다. 사람은 몸 전체가 균형을 이룰 때 비로소 순조로운 일상생활이 가능하다.

몸이 아니라 마음은 어떨까? 눈에 보이지 않는 인간의 정신에도 다양한 특질이 존재한다. 팔과 다리와 머리와 눈·코·입의 역할과 기능이 각기 다른 것처럼 우리의 정신과 마음을 구성하는 특질도 그 역할이 구분되어 있지 않을까? 그렇다면 성격을 구성하는 여러 특질 중 어느 하나도 버릴 수 없다. 팔 한쪽이든 귀 하나든 무엇도 버릴 수 없듯이 말이다.

"장점에 집중하라"는 말은 틀렸다

이러한 이유로 이 책에서는 우리의 다양한 인성 요소가 균형을 이루어야 함을 강조하였다. 신체 조건이나 운동 능력이 사람마다 다른 것처럼 사람의 인성 또한 천차만별, 각양각색이다. 뭉뚱그려보면 외형적인 사람과 내향적인 사람으로 나눌 수 있다. 중요한 것은 어떤 내면을 지녔든 그것을 구성하는 특질이 균형을 이뤄야 한다는 점이다. 그래야만 사람 구실을 제대로 할 수 있다.

꾸준히 운동하고 신체를 단련하면 누구나 몸짱이 될 수 있다. 마찬가지로 지속적인 자기개발과 노력으로 누구나 내면의 조화와 발전을 꾀할 수 있다. 반대로, 인성의 균형과 향상을 이루지 못해 비참한 결말을 맞이한 사람도 흔하다. 성공했지만 공정성을 잃어버린 사업가, 비선 실세에 의지하는 습관을 버리지 못해 리더십을 잃어버린 대통령, 정의와 명분이 아닌 사람에 충성한 관료들이 그 예다.

근본 문제는 균형 잡힌 인성의 중요성을 알지 못하고, 내면의 조화를 이룰 기회를 얻지 못한 것이다. 어린 시절에 기회를 놓쳤다면 성인이 되어서라도 노력해야 한다. "장점에 집중하라"는 말은 적어도 내면과 인성 차원에서는 틀린 말이다. 내면의 편식은 정신적인 소화 불량과 성장 부진을 가져올 뿐임을 잊지 말자.

중학교 때 같은 반에 허리가 굽은 아이가 있었다. 눈에 띄지 않는 조용한 아이였는데, 어느 순간부터 괴롭힘을 당하기 시작했다. 공부 잘하고 인기도 좋은 부잣집 아이와 그를 따르는 '똘마니'들 짓이었다. 그 아이는 시도 때도 없이 '꼽추'라고 불리며 무시당했고, 다양한 학급 행사에서도 따돌림을 당했다. 그 아이와 친해지려는 아이도, 괴롭히는 아이들을 말리는 아이도 없었다. 나 역시 그랬다. 다른 아이들처럼 그저 내가 할 공부만 열심히 하면 된다고 생각했다.

어느 날은 반 아이들의 괴롭힘이 너무 심해서 보다 못해 제지하려다 단념하고 말았다. 반 친구들의 반응에 대한 걱정, 손해볼지도 모른다는 두려움, 내가 군이 왜 그래야 하나 하는 생각이 내 혀를 붙잡고 내 손발을 묶어버렸다.

그날 내가 느낀 감정과 감각은 30년이 훌쩍 지난 지금도 선명하게 남아 있다. 머리가 아니라 가슴으로 기억해서인지 그때를 생각하면 아직도 가벼운 현기증이 나곤 한다.

공부를 잘한다고 해서 인성까지 훌륭한 건 아닌데, 값비싼 옷을 입고 인기가 있다고 해서 인성까지 좋을 리는 없는데 그 시절의 나는 학생의 본분인 공부를 잘하고 겉모습이 멀쩡하면 괜찮은 사람이라고 착각했다.

뒤늦게 이런 부끄러운 고백을 하는 이유는 우리가 속한 모든 공동체에서 개인의 인성이 얼마나 중요한지 말하고 싶어서다.

바른 성품

공동체를 움직이는 건 사람, 사람을 움직이는 건 인성

그날의 기억으로 조직과 공동체를 돌아가게 하는 건 사람이고 그 사람들을 움직이는 건 그들의 인성이라는 사실을 절실히 깨달았다. 아마 많은 분들이 나와 비슷한 경험을 했을 것이다.

나는 사람과 조직과 사건을 표면적으로만 보지 않게 되었다. 나쁜 행동, 이해할 수 없는 행동을 하는 사람들을 무조건 혐오하는 대신, 그들의 깊은 내면을 들여다보기 시작했다. 겉으로 드러난 요소들 뒤에 숨은 개인의 '진짜' 모습을 파악하고, 자신의 자질과 인성을 이해하고 발전시키는 데 동기를 제공하고 싶었다. 이 책을 쓴 목적은 바로 여기에 있다.

직장인이든 학생이든 이 책으로 자기 성품 가운데 어떤 부분이 부족한지 깨닫고, 그것을 어떻게 바로잡고 성장시킬지 배웠으면 좋겠다. 이러한 깨우침은 개인뿐만 아니라 조직이나 회사에도 적용된다. 조직의 중간관리자나 경영진이 다양한 목적과 자질과 인성을 가진 조직 구성원을 성장시키는 데도 활용할 수 있다는 뜻이다.

조직 구성원의 업무 수행능력과 성과에 단선적으로 접근하지 말고 입체적이고 통합적으로 접근해야 한다. 이것이 내가 말하는 핵심 주제 중 하나이다. 그래야만 유기체적인 조직, 건강하게 살아있는 회사, 어떤 변화에도 선제적으로 대응하고 역경을 헤치고 도전하는 공동체를 만들 수 있다.

이 책은 크게 세 부분으로 구성되어 있다. 1부에서는 인간의 성품에 대해 다뤘다. 성품이 어떻게 확장되고 심화하는지 다양한 사례를 들어 설명하고 왜 한국 사회에서 인성 진단을 하기 어려운지도 밝혔다.

2부에서는 직장인에게 필요한 여덟 가지 성품 가운데 기본이 되는 네 가지, 즉 유연감, 안정감, 유대감, 생동감을 소개했다. 이 네 가지 성품이 조직 구성원의 업무 수행에 구체적으로 어떤 영향을 끼치는지, 동료와의 관계에서 어떻게 작용하는지 실제 사례와 함께 설명했다.

네 가지 성품은 창의성과 융통성, 낙천성과 공감성, 소통성과 협동성 그리고 도전성과 활동성에 큰 영향을 끼친다. 공동체와 조직원과의 관계 형성, 업무 수행을 위한 상호 협력에 결정적으로 작용하곤 한다.

3부에서는 다른 네 가지 성품 요소, 즉 자신감, 책임감, 명석함, 합당함을 소개했다. 모든 조직이 구성원에게 이 요소들을 요구한다. 이러한 성품 요소에 내포된 지도성과 주도성, 몰입성과 우수성, 기획성과 판단성, 전문성과 공정성은 개인뿐만 아니라 조직 전체가 성장하는 데 필수적이기 때문이다.

이 책이 사회의 빛이 되는 인재, 공동체에 헌신할 줄 아는 인재를 길러내는 데 보탬이 되길 바란다. 올바른 인성을 갖춘 사람만 그런 인재로 성장할 수 있다. 회사를 비롯한 조직이 구성원의 기초적인 인성과 성품을 측정하고 자기 훈련을 통해 발전시키도록 훨씬 더 노력해야 한다. 길게 볼 때 조직의 생산성 향상에 결정적인 도움이 되기 때문이다.

　무엇보다 다양한 경험과 학습사례가 조직과 개인의 역량으로 내재되고 확장하는 경로를 탐색하고, 해당 연령대에 맞는 균형 잡힌 역량수준을 유지하기 위한 개발과제를 도출하려는 사람들에게 반드시 필요한 책이라고 감히 말하고 싶다.

CONTENTS

발랄한 감정의 연결, 교감

성품의 성숙이 일의 성공을 부른다

자율적인 주관의지, 자주

합리적이고 정당한 판단 의지, 분별

성품은 어떻게
자라나

나이가 성숙을 보장하지는 않는다. 라와나 블랙웰

1

환경이 인격 형성에
미치는 영향

"나잇값을 하라"는 말이 있다. 맡은 일을 제대로 못 해낸 사람들이 흔히 듣는 말이다. 이 말을 하는 사람은 막연하게 상대방에게 나이에 걸맞은 지식과 인성이 있을 거라고 생각한다.

이는 근거 없는 기대일 뿐이다. 나이를 먹는다고 해서 저절로 철이 드는 것도 아니고, 나이가 어리다고 해서 모두 철이 없는 것도 아니다. 어떻게 행동해야 철이 들었다고 할 수 있는지 구체적인 기준도 없다. 애초에 그런 기준 자체가 있을 리가 없다. 외국에서는 나잇값 하라는 말을 거의 쓰지 않는다.

왜 유독 우리 사회에서만 "나잇값을 하라"는 말을 자주 쓸까?

한국에서 인성 진단하기는 극한 작업이다

"빅 파이브(big five)"로 불리는 "성격의 5요인 모델"이나 마이어스와 브릭스의 MBTI와 같은 서구의 성격검사도구는 세계적으로 신뢰성과 타당성을 인정받고 있다. 최근에는 많은 학자가 뇌과학의 측면에서 인간의 정신적 활동을 규명하는 데 매진하고 있다.

그러나 한국인은 아직도 유교적인 관습이나 사주팔자, 점성술에 의존하는 경향이 있다. 새해가 되면 회사나 개인이 미신적인 자료를 근거로 사업을 계획하거나 행동을 선택하는 경우를 주위에서 심심치 않게 본다. 70~80년대의 고도 성장기에 축적된 폐습이나 잘못된 관행이 서구적인 합리주의와 뒤섞여 있는 것도 우리 사회의 특징이다. 이런 풍토에서는 인성을 객관적으로 파악하고 과학적으로 발전시켜 나가기 어렵다.

특유의 주입식 교육제도도 인성 개발을 방해했다. 시험만 통과하면 된다는 입신양명주의가 팽배한 사회에서, 인성을 심화하고 확장하자는 주장은 공허하게 들릴 수밖에 없다. 나이가 들면 자연히 인격이 성숙한다고 믿는 잘못된 사회 통념도 문제다. 인격이 김치나 된장처럼 자연히 숙성된다면 왜 인성의 심화와 확장을 구태여 도모하겠는가?

이와 같은 한국 사회 특유의 인식은 인성의 성숙과 개발을 사회적인 문제가 아니라 개인적인 문제로 치부하게 했다. 학교와 사회가 인성 교육에 대한 책임을 개인에게 전가해온 셈이다.

환경은 선천적 특성과 자질보다 더 중요하다

학력과 전문 능력이 아무리 뛰어나더라도 인성이 엉망이면 훌륭한 사회인이나 지도자로 성장할 수 없다. 설사 운 좋게 성공을 거두더라도 마지막에는 추락하고 마는 사례도 흔하다. 좋은 교육 환경과 집안

배경의 힘으로 높은 사회적 지위를 얻을 수도 있겠지만, 그것을 지속시키거나 발전시켜 나가기는 불가능하다.

대한민국을 뒤흔들고 대통령까지 탄핵시킨 최순실 국정농단 사건이 바로 그 사례다. 철옹성 같던 그들의 절대 권력도, 인성 부족으로 벌어진 사소한 갈등 때문에 붕괴하기 시작했다고 한다. 그들은 어려서부터 형성된 잘못된 인성을 바로잡을 기회를 얻지 못한 채, 부도덕하게 취한 것들을 당연한 권리로 여기며 살아왔을 것이다. 자신도 모르게 인성의 균형이 무너져 있는 사람은 언젠가는 큰 낭패를 보게 된다. 평생 자신이 쌓아온 모든 것이 무너지는 순간에도 무엇이 진짜 문제인지 알지 못한다. 그런 순간이 오지 않도록, 우리는 모두 자신의 내면을 늘 살피고 개발해 나가야 한다. 시인 윤동주가 잎새에 이는 바람에도 괴로워했듯이 말이다.

심각한 범죄자는 대부분 제대로 된 인성 교육을 받지 못한 채 성장한다. 넉넉하지 못한 환경과 훈육에 대한 개념이 없는 부모 밑에서 주변 사람들과 정상적이고 인격적인 상호 교류가 이루어지지 않은 것이다. 이 상태로 성인이 되면 인성이 비뚤어지고, 범죄를 저지를 확률도 자연히 높아진다.

단순히 가난하기 때문에 범죄자가 된다는 뜻이 아니다. 부유하지 못한 가정에서도 얼마든지 훌륭한 인격체로 성장할 수 있다. 인성에 대한 세심한 배려와 점검, 부족한 인성 요소를 교정하고 북돋아줄 교육의 기회가 없는 게 문제이다.

'배나무에는 배가 열리지 사과가 열리지 않는다'는 속담이 있다. 좋은 열매를 맺으려면 그 열매를 맺을 수 있는 씨앗과 그 씨앗을 자라게 하는 적절한 환경이 제공되어야 한다는 뜻이다. 좋은 땅에서 근면한 농부가 세심한 노력을 기울일 때, 달고 알이 굵은 배가 열리기 마련이다.

인간도 부모로부터 물려받은 고유의 자질을 기반으로 어떠한 환경에서 교육받고, 어떤 평가를 받으며 성장하는가에 따라 자질과 역량이 확장되고 심화한다. 정도의 차이는 있지만 누구나 이러한 과정으로 성품이 개발된다.

개인의 성품은 선천적인 특성과 자질에 좌우된다. 환경은 그보다 더 중요하다. 인간은 외부의 영향을 받아 내적 정신구조가 완성되고, 평생 이를 발전시켜 나가기 때문이다.

이제부터 성품이 어떻게 자라는지 좀 더 구체적으로 살펴보자.

무의식이
선택한 것들

태어나면서 일부가 결정되고 평생을 살면서 바뀌지 않는 무의식의 선호패턴, 그것을 우리는 성격이라고 부른다. 성장기에는 누구나 몸집이 커진다. 성장의 재료가 되는 단백질과 탄수화물을 꾸준히 섭취하기 때문이다. 우리의 뇌와 신경계도 다양한 신호물질과 호르몬이 채워지면서 성장한다. 이러한 물질은 우리의 두뇌 속에서 상호작용하는 신호 체계를 구성하며, 외부 자극에 대한 반응의 방식과 우선순위를 결정한다.

이렇게 두뇌에서 발생하는 일련의 생화학적 작용이 우리의 자의식과 감정, 사고 작용을 조절한다. 이러한 작용은 처음에는 무의식적이고 본능적인 차원에 머무르지만, 점차 고차원적인 쾌감을 향해 나아간다.

기질의 토대가 완성되는 유아기

영유아는 자신의 표정이나 행동으로 쾌감이 발생하면 그것을 반복하고, 고통이나 불쾌감이 발생하면 중단한다. 이러한 과정에서 선호가 형성되며, 한 번 형성된 선호는 지속적으로 행동에 영향을 미친다. 이것을 기질 또는 성격이라고 부른다. 기질의 토대는 유아기에 완성되며, 성인기의 성품에도 지대한 영향을 미친다.

자아는 가정 및 학교, 사회의 영향을 받는다. 유아기와 아동기를 거치면서 무의식적으로 형성된 선호와 기질은 외부환경에 노출되면서 끊임없이 확장되며, 개개인 특유의 성격으로 발전해 나간다.

이와 같이 인간의 성격은 어린 시절부터 지속적으로 형성되어온 무의식적인 선호 및 기질과 단단하게 얽혀 있다. 성격을 쉽게 바꿀 수 없는 이유가 여기에 있다. 물론 외부 환경의 영향 속에서 형성되고 개발되는 '확장 성품'들은 자신의 노력으로 얼마든지 바꿀 수 있다.

라켓 감정과 인생 각본

지금까지 살펴본 바대로 자아의 형성과 성장 과정은 체계적이지도 않고 계획적이지도 않다. 유아기의 우연한 반응과 피드백으로 형성된 자질은 성장 과정에서 주위 환경과 상호작용하면서 성격 혹은 성품으로 확장되고 개발된다. 따라서 유아기나 아동기와 같은 성품 형성기에 계획적이고 의도적인 피드백을 받으면 좀더 균형 잡힌 성품을 가진 사람으로 성장할 수 있다.

3, 40대 남성들은 어린 시절부터 까불지 말고 점잖게 행동하라는 얘기를 귀에 못이 박이도록 들었다. 퇴근하고 집에 돌아오신 아버지 앞에서도 항상 단정하고 조용한 태도로 대화를 나누어야 했고 즐거

운 일이 있어도 기쁨을 마음껏 표현할 수가 없었다. 그 시대에는 그것을 당연하게 여겼다. 그러나 이런 가르침이 과도하면 공포 분위기가 조성되거나, 아버지와의 감정 공유에 문제가 생길 수 있다.

이런 가정에서 자라난 아동은 라켓 감정(racket feelings)이 형성될 가능성이 크다. 자기 감정이 아니라 부모나 환경의 요구에 맞게 꾸며낸 거짓되고 가식적인 감정을 라켓 감정이라고 한다. 라켓 감정에 사로잡힌 아동은 성인이 된 후에도 피상적인 대인관계밖에 형성하지 못할 가능성이 크다.

심리학자 에릭 번은 교류분석 이론을 통해 라켓 감정과 인생 각본을 자주 언급한 바 있다. 인생 각본이란 어린 시절에 부모의 행동을 통해 학습된 "각본"대로 행동하는 것을 의미한다. 성인이 된 후에도 자신만의 각본을 가지지 못하고 어린 시절에 주입 받은 각본대로 행동하는 사람들이 의외로 많다.

부모가 자신에게 큰소리로 야단치는 것이 너무나도 싫었으면서도 자기 자녀에게 똑같이 큰소리로 야단치는 사람들이 그 예이다. 이런 사람들은 자신의 행동을 반성하기보다 정당화한다. 큰소리로 야단을 쳐야 자녀를 훈육할 수 있다는 식으로 합리화하는 것이다.

나 역시 그런 경험이 있다. 어린 시절에 아버지에게 무섭게 혼나는 게 참 싫었는데, 나도 내 아이들에게 무섭게 화를 내곤 했다. 차 안에서 큰 소리로 떠드는 아이에게 화가 나서 차를 세우고 끌어내리는 시늉을 한 적도 있다. 아직도 우리 아이는 그날의 아빠가 참 무서웠다고 말하곤 한다. 자신의 잘못은 잊어버린 채 공포감만 남은 듯했다.

양육은 실패하고 감정적인 앙금만 남은 셈이다.

자녀 양육은 참 어렵다. 순간순간 생겨나는 다양한 감정을 인내할 줄도 알아야 하고, 아이의 올바른 성장과 성품발달이라는 목표를 달성하기 위해 체계적으로 계획하고 실천해 나가야 한다.

30년간 축적된 무의식을 바꾼 노력

무의식의 선택에 대한 또 다른 이야기가 있다. 나는 어려서부터 뭐든지 미루는 버릇이 있었다. 초등학교 때 매일같이 써야 할 일기도 미뤘고, 개학 때 들고 가야 할 탐구 생활 숙제도 미루다 벼락치기로 했다. 한 달이 넘는 시간을 펑펑 놀다가 개학 며칠 전에 후다닥 해치우는 걸 자랑스럽게 생각했다. 초치기를 할 때는 괴로워하며 안달복달했지만, 시간이 지나면 언제 그랬냐는 듯이 또다시 미루곤 했다.

어떡하든 기한 내에 끝내기만 하면 된다고 자기합리화를 하면서 거의 20년 동안이나 미루는 습관을 고치지 못했다. 모든 일에서 계획이 틀어지고 연기될 때조차 그랬다. 더 완벽하게 일을 마무리하려고 미룬다는 핑계로 스스로를 위로했다. 미루는 기질이 무의식 깊이 뿌리내린 것이다.

결국엔 대형사고가 터지고 말았다. 처음 취업한 직장에서 중요한 일을 미루다가 망쳐버렸다. 미루는 습관을 고치지 않고서는 인사고과가 아니라 인생 전체를 망쳐버릴 것 같았다. 절체절명의 위기의식을 느꼈다. 우선 주변 사람들과 대화하며 나의 성품을 점검했다. 여러 개의 미해결 과제가 주어지면 누구나 당연히 스트레스를 받는다. 나는 가능한 끝까지 미룸으로써 그 스트레스를 회피해 왔음을 깨달았다.

내가 선택한 해결책은 "일단 시작하자"였다. 아무리 작은 일이라도 일단 시작하면 스트레스가 줄어든다는 사실을 깨달았다. 그 후로는 바로 시작할 수 있는 작은 일부터 시작한 뒤, 세부적인 사항은 진행하며 보완하는 방식을 취했다.

일이 들어오면 우선순위에 따라 시작 시기를 정하고, 그 시기가 되면 무조건 시작했다. 미루고 싶은 마음이 들면 그 이유가 무엇인지 스스로에게 물었다. 혼자 해결할 수 없는 일이면 즉각 주변 사람들에게 도움을 요청하고, 할 수 있는 일이라면 틈날 때마다 조금씩 처리하는 습관을 들였다. 그러한 노력이 조금씩 쌓여 가더니, 어느 순간부터 가시적인 성과로 나타나기 시작했다. 의식적인 노력이 30여 년간 축적된 무의식까지 바꾸어버린 것이다.

이제 나는 미루지 않는다.

사고, 행동, 목표, 관계의 축으로
확장되는 성품

자아는 외부 환경과 끊임없는 상호작용을 통해 지속적으로 확장된다. 외부와의 상호작용으로 성품 개발에 필요한 정보가 풍성해지고, 성품 개발의 방향성도 다채로워진다.

내면 확장의 축 – 사고와 행동

내면 확장의 첫 번째 단계에서는 단순한 반응만 존재한다. 밝은 빛을 낯설어하고 어두움에 안정감을 느낄 수도 있지만, 밝은 빛에서 에너지를 느끼고 어두움에 불안감을 느낄 수도 있다. 이러한 반응은 일정한 체계 없이 뒤죽박죽 나타난다. 즉흥적이고 혼란스러운 반응이 무의식의 영역에 기억되고 각인된다. 코드를 맞춰가는 연습이다.

이 단계에서는 본능이 사고(thinking)와 행동(behavior)을 지배한다. 구체적인 생각은 아직 나타나지 않으며 편안함과 불편함, 좋음과 싫음 등의 느낌만 존재한다. 의식이 행동을 통제하는 게 아니라 자극에 대한 단순한 반응 자체가 행동이 되는 단계이다.

내면 확장의 첫 번째 단계는 주로 영유아기에 진행된다. 영유아기는 영아기와 유아기를 함께 일컫는 말이다. 이 시기에는 즐거움과 편안함을 주는 상호작용이 반복됨으로써 일관성이 형성되기 시작한다. 이러한 일관성을 기질이라고 한다.

기질은 외부 환경에 대한 반응과 그에 따른 본능적 쾌락으로 형성된다. 이때 반응은 사고의 축으로 확장되고, 쾌락의 에너지는 행동의 축으로 확장된다(그림1).

즉 반응은 느낌과 감정, 사고로 확장되고, 쾌락의 에너지는 동작과 습관, 행동으로 확장된다. 중구난방으로 확장되는 것이 아니라 쾌락을 극대화하는 쪽으로 일관성 있게 확장된다.

영유아기에 형성된 반응과 쾌락의 기억은 사고와 행동으로 확장된 뒤에도 무의식 속에 계속 남는다. 단순히 존재하는 것이 아니라 우리의 뇌가 외부 자극을 처리하는 방식과 절차로써 활용된다. 이러한 메커니즘은 시간이 흐를수록 더욱 복잡하고 정교해진다.

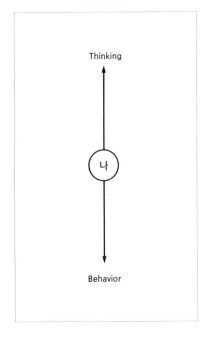

(그림1) 내면 확장의 축(Thinking-Behavior)

Thinking

나

Behavior

우리의 무의식은 뇌가 받아들인 새로운 자극과 기존의 자극을 구별해서 기억한다. 이러한 기억은 앞으로의 생각이나 행동에 영향을 미치는데, 이를 재인 기억(Recognition Memory)이라고 한다. 자극이 반복될수록 반응 강도가 감소한다. 무의식이 선호하는 패턴이 생겼기 때문이다. 이러한 현상이 의사결정의 데자뷰(Deja Vu)이다.

이처럼 자아는 내면적·지속적 분화과정을 거쳐 확장 기질로 발전한다. 기질 확장은 사고의 측면과 행동의 측면에서 골고루 일어나야 한다. 기질들이 균형 있게 개발되지 못하고 한쪽에 치우쳐서 확장된 어린이는 성인이 되어서 특정 역량이 부족해진다.

외연 확장의 축 - 목표와 관계

영유아기에는 욕구가 바로바로 충족되었지만 성장하다 보면 욕구를 참고 견뎌야 하는 시점이 온다. 외연 확장의 축이 형성되기 시작하는 것이다. 배가 고프다고 해서 바로 먹을 수 없고, 졸립다고 해서 바로 잘 수도 없다. 떼를 써봤자 통하지 않는다.

본능과 자아는 외부 환경과의 교섭을 통해 목표와 관계라는 또 하나의 경로로 확장된다. 외연 확장의 축이 형성되는 것이다(그림2).

내면 확장의 축이 외면 확장의 축보다 먼저 형성된다. 내면 확장의 축은 더 큰 즐거움과 편안함, 익숙함을 찾는 본능에 근거한 것이다. 외연 확장의 축은 다른 사람과의 관계, 자신이 해야 할 숙제나 과제, 공동체에 속하기 위해 감수해야 하는 여러 가지 불편 등을 인식함에 따라 생겨난다. 즉 외연 확장의 축은 사회성과 함께 형성된다.

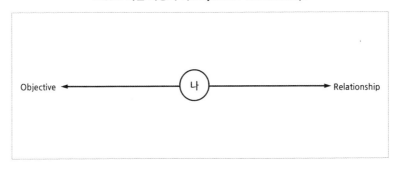

(그림2) 외연 확장의 축(Objective-Relationship)

외연 확장을 위한 관계와 목표는 주로 가족들을 통해 형성된다. 부모, 형제와의 관계, 그들 각각의 성향이 자아의 확장경로에 지대한 영향을 미친다. 심리학자들이 개인의 욕구를 좌우하는 요소나 직업 선택을 결정하는 요소를 알아내려고 성장 환경을 조사하는 이유가 여기에 있다. 성장 환경 중에서도 그 사람의 욕구가 부모와의 관계 속에서 어떻게 구조화되었는지 알아보는 것이 가장 중요하다.

자아의 확장은 대부분 모방에서 시작된다. 어린이는 좋은 것이든 나쁜 것이든 가리지 않고 따라 한다. 주변 사람들에게서 보고 들은 것과 주위 환경을 통해 얻은 정보를 끊임없이 흡수하고, 그에 맞춰 유연하게 변화한다.

우리는 서로 닮아가며 지향점을 주고받는다

"세 살 버릇 여든까지 간다"는 말이 있다. 어릴 때 몸에 밴 버릇은 나이가 들어서도 고치기 힘들다는 뜻이다. 외부 환경과의 무의식적인 교환과정으로 외연 확장의 축이 형성되면, 우리의 무의식은 끊임없이 축의 일부분을 선택하거나 선호하게 된다. 우리 조상들은 이렇게 형성된 무의식적 선호, 즉 "버릇"이 성인이 된 후에도 계속 유지된다는 사실을 알았다. 세살 버릇 여든까지 간다는 말이 여기서 나온 것이다.

여기서 말하는 "축"은 인간의 내면적 속성을 더 의미 있게 해석하고자 편의상 그어 놓은 선분이다. 각각의 축은 선호의 방향을 의미한다. 그리고 관계 중심적인 자질로 확장되는지, 아니면 목표 중심적인 자질로 확장되는지 등을 직관적으로 보여준다.

모든 사람의 내면에는 확장의 축이 있다. 잠시 후에 다시 살펴보겠지만, 확장의 축은 수직선과 수평선으로 교차하면서 네 개의 면을 만들어낸다. 이 4분면 중에서 어느 면을 선호하는지에 따라 개인차가 발생한다. 물론 대부분의 사람들은 여러 가지의 자질을 동시에 지닌다. 다른 사람의 사주나 성격 해석이 내 것처럼 느껴지는 이유가 여기에 있다.

우리의 생각과 행동은 주위 사람들에게 영향을 준다. 주위 사람들의 말과 행동도 우리에게 영향을 준다. 의도하지 않았지만 서로 닮아가고 서로에게 지향점을 주고받는 상교(相交)학습이 발생하는 것이다. 이때 서로의 장점뿐만 아니라 단점까지 닮는다. 표절하다가 오타까지 그대로 베끼는 것과 비슷하다.

외연 확장의 시기에는 앞으로 어떻게 살아가야 하는지 고민하기보다, 자신이 남에게 어떻게 비추어질지에 더 관심이 많다. 이렇게 예민한 시기이므로 초기 피드백이 중요하다. 이 시기에는 길거리에서 심한 욕설을 내뱉는 것이 쿨하고 멋진 행동이라고 착각하거나, 그런 자신을 바라보는 사람들의 시선을 경외감으로 오해하기도 한다. 확장의 기준이 되는 목표와 관계의 축이 바르게 정립되지 못한 것이다. 이때는 부모가 멘토 역할을 해주어야 한다. 주변에 그런 역할을 해줄 형제나 친구, 선생님이 있으면 더 좋다. 누구나 겪는 시행착오의 시간을 줄일 수 있기 때문이다.

타인의 시선보다 자신의 내면에 집중하라

아동기의 성품 형성과 외연 확장은 부모의 영향을 크게 받는다. 닉 부이치치의 사례를 살펴보자. 팔다리가 없는 몸으로 태어난 그는 누구보다도 빠르게 절망을 경험했고, 철이 들기도 전에 삶을 끝내고 싶어 했다. 여덟 살 이후로 세 번이나 자살을 시도했다고 말하는 그의 좌절과 절망은 누구도 쉽게 가늠하기 힘들 것이다. 어렵게 들어간 공립학교에서조차 따돌림을 당해 심한 우울증을 겪어야 했던 그를 그대로 방치했다면, 그의 인생은 과연 어떻게 흘러갔을까?

다행히도 닉의 가족은 그에게 한결같이 헌신하고 사랑을 주었다. 무조건적으로 응석을 받아준 것은 아니었다. 혼자 힘으로 세상을 살아갈 수 있도록 강하게 키웠다. 팔 대신 입으로 펜을 잡게 했고, 장애인 학교 대신 일반 학교에서 열심히 공부하게 했다. 수영이나 다이빙, 대학 진학 등과 같이 그에게는 불가능해 보이는 일에도 끊임없이 도전하도록 용기를 북돋아 주었다. 그 덕분에 닉은 그 어려운 일을 하나씩 이루어나갈 수 있었다.

　그는 지금 전 세계인에게 꿈과 희망을 전하는 전문 강사로서의 삶을 살아가고 있다. 그의 부모는 삶에서 가장 중요한 것은 우리 자신이 나아가고자 하는 목표와 내적 강인함이지, 다른 사람에게 비춰지는 모습이 아니라는 사실을 우리 모두에게 가르쳐준 것이다.

　닉과 그의 부모는 성품이 관계 형성에 어떤 영향을 주는지를 보여주었다. 올바른 관계를 형성하려면 타인의 시선이 아니라 자신의 내면에 집중해야 한다는 것이다. 성장 후에 자신의 삶을 대하는 태도나 가치관이 강하고 올곧게 정립된 사람만이 타인과 좋은 관계를 맺을 수 있다.

　성품이 관계의 형성에 얼마나 중요한지는 아무리 강조해도 지나치지 않다.

성품영역의 진화공식,
잘하거나 편안하거나

우리가 흔히 접하는 수많은 리더십 스타일이나 성격 유형은 나름의 이론적인 근거와 구체적인 실증을 통해 분류되고 유형화되었다.

성품확장의 4분면

성품확장의 4분면도 마찬가지다. 인간의 성품은 [사고-행동-관계-목표]라는 축을 기준으로 네 가지의 성품영역으로 나눌 수 있으며, 연령별 혹은 단계별로 반드시 보유해야 할 역량항목이 각 사분면에 존재한다는 것이 성품확장모델의 핵심 내용이다(그림3).

　우리의 자아는 이 네 가지 확장축, 다시 말해 [사고-행동-관계-목표]의 영향을 받는다. 인간은 네 개의 축 중에서 자신이 더 잘하거나 편안하게 느끼는 쪽을 자연스럽게 선호한다. 이러한 무의식적 선호가 일종의 패턴으로 발전하며, 이렇게 패턴화한 선호성의 조합이 그 사람만의 독특한 성품이 된다.

(그림3) 성품확장의 4분면

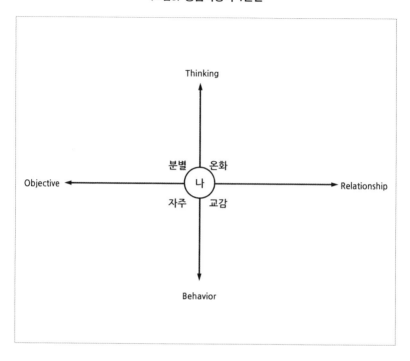

평균 이상의 사회인이라면 반드시 갖추어야 할 성품 16가지

성품확장모델은 인간의 성품이나 기질을 연령 또는 성품의 레벨에 따라 구분한다. 성품의 레벨이라는 말은 성품 개발의 단계라는 말과 같은 뜻이다.

성품확장의 4분면은 성품이나 자질을 유형별로 분류하는 것이 아니다. 예를 들어 지시적인 리더십, 수용적인 리더십, 타협적인 리더십이라는 말이 있는데, 이것은 조직을 리딩(leading)하는 스타일을 기준으로 분류한 것이다.

이런 분류 방식은 이 책의 관심사가 아니다. 이 책에서는 모든 유형의 리더와 조직 구성원이 공통으로 반드시 갖추어야 하는 기본성품을 16가지로 나누어서 설명한다. 기본성품이란 평균 이상의 사회인이라면 반드시 갖추어야 할 성품을 뜻한다.

[사고-행동-관계-목표]라는 네 가지 확장축으로 만들어지는 성품확장의 4분면은 "온화, 교감, 자주, 분별"이라는 네 가지 성품 영역을 형성한다. 이 네 가지 기본 성품은 적어도 초등학교 입학 전까지는 갖추어야 한다. 그렇지 못하면 네 가지 성품 영역에서 분화되는 8가지 기초자질이 올바르게 형성되기 어렵다. 이 책에서 소개하는 16가지의 기본역량을 안정적으로 확장하는 작업도 힘들어질 수밖에 없다. 유아기와 아동기에 부모의 역할이 중요한 이유가 여기에도 있다.

자녀가 성품을 제대로 갖추도록 부모가 도와주었든 아니든, 자아는 무의식적으로 자신만의 자질을 선택하고 발전시켜 나간다.

성품영역의 해석1_온화

온화(Mild)한 정서는 사람의 마음에 일어나는 감정, 기분 또는 분위기의 일종이다. 이것은 인간 본연의 애틋한 감정이며, 누군가에게 사랑받고 있다는 느낌이다. 사랑을 듬뿍 받고 자란 아이는 자연스럽게 다른 사람에게도 애정을 베풀게 된다. 이 성품영역은 특히 사고와 관계의 분면에서 분화·강화되며, 유연감과 안정감이라는 기초자질로 확장된다.

성품영역의 해석2_교감

교감(Communion)은 타인과의 관계와 접촉으로 발생한다. 타인의 생각과 감정을 느끼고 이해하고 소통할 때, 우리는 교감한다고 이야기한다.

영유아기와 아동기의 교감은 생명에 대한 인식 그 자체다. 따라서 생명의 소중함을 일깨워 주는 것이 무엇보다도 중요하다. 집에서 화초를 가꾸거나 애완동물을 기르는 것도 좋고, 동화책 속의 수많은 종류의 생명과 자연을 느끼게 하는 것도 좋다. 모든 생명이 보살핌을 받아야 한다는 사실을 스스로 깨달은 아이는 다른 사람들을 자연스럽게 소중하게 생각한다. 이는 유대감과 생동감이라는 기초자질로 이어진다.

성품영역의 해석3_자주

자주(Self-Reliance)는 타인에 대한 자기 확신이며, 간섭을 받지 아니하고 자기 일을 스스로 처리하고자 하는 성질이다.

어린이에게 자주성을 길러주려면 자존감을 기르고 자아를 올바르게 인지할 수 있도록 도와주어야 한다. 이러한 과정으로 자주성이 확립되어야만 자신감과 책임감이라는 기초자질이 생겨날 수 있다. 아이들이 자기 확신을 가지고 주도적으로 활동하게 한 뒤, 그 결과물에 긍정적인 피드백을 주도록 하자. 그 아이는 지도성, 주도성, 몰입성, 우수성 등의 확장 성품을 갖춘 자주적인 어른이 될 것이다.

성품영역의 해석4_분별

분별(Distinction)은 일의 이치이며, 옳고 그름에 대한 의도적인 분리 행위이다. 분별을 사리분별이라고도 하는데, 일의 이치(事理)를 나누어 구별(分別)하기 때문이다.

올바름과 잘못을 확실히 구분하는 연습이 필요하다. 사소한 잘못을 저지른 경우에도 그냥 지나치지 말고 어떤 부분을 어떻게 잘못했는지 확실히 깨우치게 해야 한다. 그래야 나중에 큰 잘못을 저지르지 않는다.

잘못한 부분을 무조건 혼내지 말고 왜 잘못되었는지 설명해주고 다시는 그러지 않겠다는 약속을 받는 것이 바람직하다. 해도 되는 일과 하면 안 되는 일을 명확하고 일관성 있게 알려주며, 하면 안 된다고 한 일은 실제로도 하지 말라고 인지시켜야 한다. 아이가 원하거나 떼를 쓰더라도 원칙적이고 단호한 모습을 보여주어야 한다. 처음에는 어렵지만 그 후에는 쉬워진다. 이때 일관성을 유지하는 것이 중요하다. 부모가 아이에게 끌려다니면 여러모로 낭패다.

성품이 발전하는 3단계

성격을 언급할 때 우리는 인성이나 기질, 성품 등의 다양한 용어를 구분 없이 사용한다. 이들 중에는 환경적인 요인이나 자신의 노력으로 변화시키기 쉬운 것이 있고, 변화시키기 어려운 것이 있다.

인성이나 성품은 전자에 속한다. 이들은 후천적인 노력으로 바꾸기가 비교적 쉽다. 한편, 하나의 성품이 공동체나 조직에 따라서 다르게 받아들여질 수도 있다. 예를 들어 여성의 진취적인 성품은 고려시대에는 문제가 없었지만, 조선시대에는 대체로 비난당했다. 이에 반해 기질이나 성격은 선천적인 것으로, 노력 여하에 따라 평생 자신의 개성으로 유지될 수 있다. 바꾸어 말하면 인성이나 성품보다 변화시키기가 어렵다.

이 책에서는 인성, 기질, 성격, 성품 등의 용어를 넓은 의미의 "성품"이라는 말로 뭉뚱그려서 사용하였다. 성품은 노력하여 더 높은 수준으로 계발되었다는 의미를 내포하기 때문이다. 즉 성품은 후천적인 노력으로 발전된 성격 또는 인성이다.

이러한 성품은 고정된 것이 아니다. 4분면과 네 가지 확장축을 오가며 끊임없이 교환되고 선택된다. 이러한 과정으로 자신만의 성품과 개성이 만들어지고 유지된다. 한 사람의 자아는 각 성품영역에서 기초자질로 확장된 후(1단계), 일정한 경향과 의도에 따라 기본역량으로 분화되고 심화한다(2단계). 성인이 되면 기본역량들은 사회가 요구하는 능력 및 동기, 가치와 상호작용하면서 직무역량으로 발전된다(3단계). 중요한 것은 각각의 단계별로 올바른 성품토대를 만들어 나가는 것이다(그림4).

기초자질과 기본역량은 최소한의 수준 이상으로 개발되어야 한다. 우리는 성장하면서 팔과 다리가 길어지며, 뇌와 심장과 근육도 더욱 튼튼해진다. 이를 위해 우리는 균형 있는 식사와 운동을 한다. 눈에 보이지 않는 기질과 성품, 역량도 마찬가지이다. 골고루 성장해야 한다.

분별이라는 기초자질과 명석함과 정당함이라는 기본역량이 높은

〈그림4〉 성품의 3단계 확장

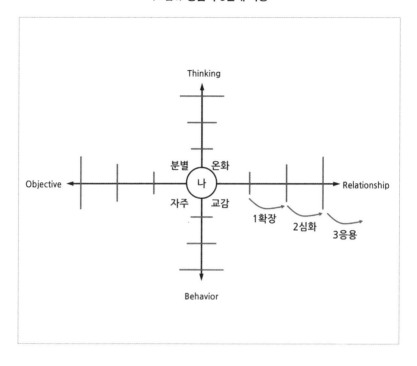

사람이 있다고 가정해보자. 이 사람은 다른 영역의 기초자질과 기본 역량은 필요가 없을까? 그렇지 않다. 나는 팔이 길고 튼튼하니까 다리 하나는 없어도 된다는 것만큼이나 잘못된 생각이다. 성품의 모든 요소는 최소한의 균형을 갖추어야 한다는 사실을 잊어서는 안 된다. 물론 모든 면에서 강점만을 가진 사람은 없다. 거의 모든 사람이 강점과 약점을 함께 지니고 있다.

성인이 되어 사회생활을 하다 보면 다양한 직업 상황에 처한다. 갖가지 상황을 슬기롭게 헤쳐 나가기 위해서는 다양한 직무 역량이 필요하지만, 모든 직무 역량을 다 갖추기는 불가능하며 그럴 필요도 없다. 자신의 직업과 직책, 직무가 요구하는 쪽으로 자신의 강점을 극대화하면서 약점을 최소화하면 된다.

기초자질에서 기본역량으로 확장되는 과정은 새 손톱이 헌 손톱을 밀어내듯이 연속적이며 자연스럽게 이루어진다. 평소에 다양한 경험과 학습으로 꾸준히 성품을 개발해왔다면 1단계의 기초자질을 2단계 이상의 기본역량으로 더욱 쉽고 빠르게 확장 및 분화시킬 수 있다.

기초자질은 인생 전체의 성공을 좌우하는 틀

예전에 함께 일한 직원 중에 아주 똑똑한 친구가 있었다. 신입인데도 일과 사람을 대하는 태도와 자세가 진지하고 성실했다. 자기 일에 책임감을 느끼고 반드시 일을 완수할 뿐만 아니라, 중간 진행 상황도 빠짐없이 보고했다. 자기 일을 주도적으로 처리하면서 스스로 더 많은 자신감을 얻기도 했다. 사회 초년생답지 않은 명석한 상황판단과 분별력을 갖췄기에 나는 그를 회계 업무처럼 숫자를 다루는 업무에 배치하는 게 좋겠다고 생각했다.

그런데 회사 사정상 그 직원을 전혀 다른 곳에 배치할 수밖에 없었다. 다양한 직원과 고객을 접촉해야 하는 일이었다. 숫자가 아니라 사람을 다루는 일이라서 그가 잘 할 수 있을지 염려스러웠다.

그러나 그는 성품이 고르게 균형 잡혀 있어서 그 일을 훌륭하게 수행했다. 직원이나 고객과 소통할 때 생기가 넘쳤고, 진솔한 공감과 유연한 대응으로 높은 평가를 받았다. 그 결과 높은 인사고과를 받았다. 지금 그는 모 대기업에서 조직문화 개발을 담당하는 인재로 훌륭하게 성장하고 있다.

한 사람의 기초자질은 타고나거나 아동기에 정립되기도 한다. 기초자질은 학교나 도서관에서 습득할 수 있는 전문지식보다 더 중요하다. 인생 전체의 성공을 좌우하는 기초이자 틀이 되기 때문이다.

나는 이제까지 여러 기업에서 인사를 담당하며 많은 사람을 채용하고, 평가하고, 배치하며, 임금을 책정해왔다. 좋은 대학교를 나와 전문지식과 경험을 쌓은 인재가 회사에서 성과를 내지 못하거나, 대인관계에서 시너지를 내지 못하여 갈등하다가 낙오하는 모습을 수도 없이 목격했다.

이런 사람들에게 심리검사를 해보면 성품의 균형이 깨져있는 경우가 많았다. 예를 들어 창의성과 전문성이 아무리 높아도 자아 강도가 부족하면 동료들이나 고객들과 제대로 소통하기 어렵다. 높은 전문 능력을 갖췄는데도 승진이 늦거나 낙오되는 사람이 바로 이런 케이스다.

문제는 대인관계, 조직 구성원의 성품

나의 주된 업무 중 하나는 직원들과의 일대일 면담이었다. 조직 구성원이 조직과 동료, 선후배에 대해 어떻게 느끼는지 알아보기 위해서였다. 정기적인 고충처리의 과정이기도 했다.

상담을 요청하는 직원들은 업무를 수행할 때 발생하는 애로사항이나 희망 사항을 주로 이야기했다. 직무와 직위가 다양한 만큼 그들이 고충을 느끼는 문제의 원인과 종류도 여러 가지였다. 그런데 조금만 주의 깊게 분석해 보면, 그 모든 문제는 어떤 식으로든 대인관계와 연결되어 있었다. 즉 모든 문제가 조직 구성원의 성품과 신기할 정도로 밀접하게 연관되어 있었다.

중요한 기획 직무를 담당하던 박대리, 그의 최대 고충은 부서 직속 상사인 김과장의 불분명하고 모호한 피드백이었다. 시급히 결정해야 할 사안인데도 며칠 뒤에 피드백을 준다든지, 카톡 문자나 메일을 분명히 읽었는데도 그에 대한 지시를 내리지 않아서 업무를 제때 진행하지 못하는 경우가 부지기수였다.

박대리 본인은 유능했지만 상사의 이상한 성품 때문에 업무에 큰 차질이 생겼다. 게다가 그 상사는 자신 때문에 문제가 발생해도 천연덕스럽게 아무 말도 하지 않곤 했다. 이런 상황이 반복되자 박대리는 아예 회사를 그만두고 싶을 만큼 심한 스트레스를 받았고, 결국 내게 상담을 신청했다. 나는 그 상사의 이상한 행동의 원인이 무엇인지 알아내고, 업무 전달과 반응에 대한 효율성을 높이고자 상사를 대상으로 상담했다. 성품 검사로 어떤 부분에 문제가 있는지 진단해준 뒤, 총 5회에 걸쳐 상담을 진행했다.

우선 함께 일하는 동료와 부하직원에 대한 '배려'가 직장생활에 중요하다는 공감대부터 형성하였다. 이러한 공감대를 바탕으로, 그의 평소 습관과 행동에서 배려라는 성품이 어떻게 발휘되는지 함께 살펴보았다.

성품 확장 모델을 활용해서 그의 평소 생활을 종합적으로 진단함으로써 문제를 정확히 인식하게 했다. 그 후 가장 먼저 실시한 것은 타인의 요구에 즉각적인 피드백을 주는 습관 들이기였다. 가족이나 주변인이 질문하거나 피드백을 요구하면 답이 있든 없든 무조건 반응부터 하도록 했다. 즉시 대응할 수 없더라도 일정 시간 이상은 넘기지 않게 했다.

일을 미루거나 반응이 느린 사람들에게도 그 나름의 이유가 있다. 결과에 대한 부담감이나 책임감이 너무 강할 수도 있고, 너무 바빠서 습관적으로 지연시킬 수도 있다. 가장 흔한 사유는 "귀차니즘"이다. 상사나 동료, 부하직원의 요구가 자기 업무를 방해한다고 무의식적으로 생각하는 경우다. 스스로 설정한 우선순위를 지키려고 무의식적인 방어기제가 발동하는 셈이다.

그날 이후, 메신저나 문자, 대화 등에서 받은 질문에 정확한 판단이 서지 않으면 최소한 언제까지 결정을 내리겠다는 피드백이라도 주도록 했다. 더 좋은 방법은 "내 생각은 이러저러하지만 다른 의견도 더 깊이 고민해야 하니까 기다려달라"라고 말해주는 것임을 주지시켰다.

피드백이나 반응의 내용이 무엇이든 간에 일단 즉시 회신하게 한 것이다. 한 달 정도 꾸준히 실천하도록 코치해 주었더니 행동이 변하기 시작했고, 시간이 더 지나자 변화가 습관으로 자리잡게 되었다. 일단 습관이 되면 무슨 일이든지 힘들이지 않고 오래 지속할 수 있다.

우유부단하고 종잡을 수 없던 김과장은 직속부하였던 박대리뿐만 아니라 모든 부서원과 원활하게 소통하는 상사, 일처리가 빠르고 확실한 멋진 선배로 다시 태어났다. 그 부서의 생산성이 비약적으로 향상되고, 김과장과 박대리가 나란히 연말 인사고과에서 높은 점수를 받은 것은 물론이다. 이처럼 성품의 발전은 구성원뿐만 아니라 조직 전체의 발전을 가져온다.

세상에 완벽한 사람은 없다

인사부서에서 일하다 보면 다양한 사람들을 접하게 되는데, 유능하고 인정받는 직원 중에도 자신의 실수나 약점이 노출되면 감정을 제어하지 못하고 평정심을 잃어버리는 사람이 적지 않다.

어느 부서에서 분기별 업무점검을 위해 KPI면담을 진행한 적이 있었다. 이 과정에서 부서장이 어느 직원에게 사소한 지적을 했다. 그러자 그 직원은 즉시 반발하면서 부서장의 평가 자체에 이의를 제기했고, 부서장이 자신을 미워하기 때문에 성과를 공정하게 인정받지 못했다고 주장했다. 그 부서장은 긍정적인 피드백을 훨씬 더 많이 주었는데도 말이다.

세상에 완벽한 사람은 존재하지 않는다. 아무리 잘난 사람도 하나 이상의 결점이 있기 마련이다. 그것을 인정하지 않는다면 지속적으로 발전하는 인재가 될 수 없다.

복잡다단한 현실에서 매순간 자신을 정확하게 통찰하는 사람은 드물다. 특정 분야에서 두각을 드러내는 전문가형 인재는 특히 그러하다. 자신의 강점은 키우고 약점은 겸허히 인정하여 보완해야 하는 데, 자신에게는 약점이 존재하지 않는다는 듯이 숨기고 외면하려는 사람이 적지 않다. 이런저런 궁색한 변명으로 자신의 약점을 합리화하다가 안 되면 아예 현실을 외면하고 방치해버린다.

이런 사람은 발전이 없다. 자신과 주위 사람들, 그리고 조직의 중심에 서지 못하고 겉돌 뿐이다. 이런 태도가 습관이 되면 수동적인 사람이 되기 쉽다. 자기 생각은 사라지고 타인의 시시콜콜한 이야기에만 관심을 두며, 자신이 아니라 타인의 의견과 생각에만 의지하게 되는 것이다.

자신을 소중하게 지키고 발전시킨다는 것은 자신의 약점을 노출하지 않는다는 뜻이 아니다. 뛰어난 현실감각과 객관적인 시각으로 자신을 다듬어 나가야 한다는 뜻이다. 이를 위해서는 자신의 사고와 행동의 근원인 성품을 명확히 인식해야 한다. 자신의 성품을 정확하게 파악하려면 성품의 기본부터 알아야 한다. 성품의 기본이 되는 요소를 파악하고 그 요소들의 연관 관계를 파악하면, 자신의 성품을 어떻게 확장하고 발전시켜야 할지도 알게 된다.

이제부터는 성품의 확장 모델에 대해 자세히 알아보고, 그것으로 어떤 결과를 얻을 수 있는지 구체적으로 살펴보자.

성품확장모델의
재해석

자아의 존재를 느끼는 것이 자아 정체성을 확립하기 위한 첫걸음이다. 자신의 개성과 유일무이함을 깨닫고 그것을 편안하게 받아들이는 순간부터 자아 정체성이 형성된다.

성품이라는 말은 인간의 성질이나 됨됨이를 뜻한다. 자아 정체성이 확립되기 전에는 부모의 양육이 성품의 형성에 큰 영향을 미친다. 사람의 기본 성품은 영아기와 유아기를 거쳐 초등학교 저학년 시기까지 형성되는데, 이때 주로 부모의 영향을 받는다.

기초 성품은 네 개의 확장축(Four Expanded Axis; 관계-목표-사고-행동)을 따라서 구체적인 성품 모형으로 발전한다. 관계(사람)-목표(결과/일) 축은 외부와의 접촉과 교류로 발전하고, 사고(생각)-행동(방식)의 축은 자신의 내면에 존재하는 에너지에 따라 발전한다. 이러한 내면의 에너지는 정적(靜的)일 수도 있고 동적(動的)일 수도 있다.

바른 성품

성품확장모델, 8가지 기초자질과 16가지 기본역량의 균형

네 개의 확장축은 '온화-교감-자주-분별'이라는 네 개의 영역, 즉 4
분면을 만들어낸다. 각각의 4분면은 다시 두 가지 개념으로 분화하는
데, 같은 사분면에 있더라도 관계-목표-사고-행동이라는 네 가지 확
장축 가운데 어느 축에 좀 더 가까운지에 따라 다시 둘로 나눌 수 있
다. 이렇게 만들어진 여덟 개의 개념에 꼭 맞는 용어를 찾기 위해 수
많은 유의어를 비교·대조한 뒤, 설문조사로 또다시 수정, 추가, 삭제
했다.

이러한 연구 과정으로 성품을 이루는 여덟 가지 기초자질(Founda-
tion Personality)을 확정하였다. 이 8가지 기초자질은 주로 초등학생
의 성품 개발을 위한 목표로 사용되며, 16가지의 기본역량(Expanded
Basic Competency)으로 확장된다(그림5). 이 16가지 기본역량 역시 어느
것 하나 미루거나 포기하면 안 될 만큼 중요하다.

8가지 기초자질과 16가지 기본역량 중에서 어느 하나에만 집중해
서도 안 되고 소홀히 해서도 안 된다. 성품은 균형 있게 개발되어야
한다.

성품이 형성되는 아동기에 부모가 주목해야 할 성품영역은 온화,
교감, 자주, 분별이다. 아동기에 형성된 4가지 성품영역은 각각 둘씩,
총 여덟 개의 기초자질로 확장된다. 이 시기를 1단계 확장기라고 한다.

성품의 1단계 확장은 중·고등학교 때 이루어진다. 여덟 개의 확장
성품은 10대가 반드시 갖추어야 할 필수 성품이다. 성품의 2단계 확
장기에는 8가지의 확장성품이 16가지 기본역량으로 분화된다. 이 16

(그림5) 성품확장모델(Model of Expanded Character)

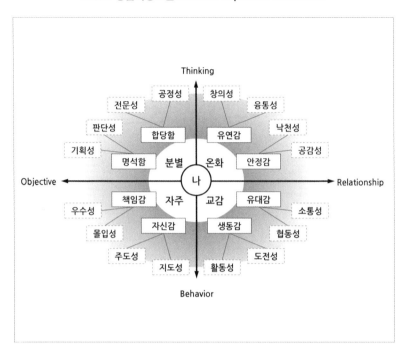

가지 기본역량은 대학생이나 사회초년생이 반드시 갖추어야 할 성품
이다.

　내가 속해있는 AHR Korea에서는 16가지의 기본역량을 구성하는
요인의 상관관계를 구체적으로 규명한 바 있다. 다양한 산업에 종사
하는 고성과자들의 성격과 행동특성을 지속적으로 관찰하여 얻어낸
데이터와 축적된 경험이 있었기에 가능한 성과였다.

　이를 바탕으로 기업의 재직자 평가뿐만 아니라 경력직 선발전형
에도 적용가능한 표준역량모델을 개발, 제시하였다. 각각의 모델은

다양한 직업상황에 폭넓게 적용할 수 있도록 설계했다. 직장에서 높은 성과를 보이는 직원들의 행동특성이 반영된 역량을 모두 갖춘다면, 누구나 자신의 분야에서 탁월한 리더가 될 수 있을 것이다.

사실 이러한 표준역량을 전부 고르게 갖춘 리더는 현실에서 찾아보기 힘들다. 하지만 자신의 역량모델을 점검하여 강점을 강화하고 약점을 개선해간다면, 누구나 충분히 그러한 리더가 될 수 있다.

성품확장모델은 직장인뿐만 아니라 자신의 적성과 전공을 찾아가는 중고생에게도 많은 시사점을 준다. 대학생도 마찬가지다. 자신의 전공과 적성, 흥미가 일치하지 않아서 나에게 진로 상담을 요청하는 대학생이 적지 않다. 자신만의 가치관이 확실하지 않아서이기도 하지만, 직장을 선택하기 위해 많은 고민을 하는 시기이기 때문이기도 하다. 성품확장모델은 이러한 대학생에게도 큰 도움을 준다.

나는 직업상담사이기도 하다. 직업 선택을 위한 정보의 부족, 직장 생활에 대한 막연한 선입견이나 잘못된 정보로 하루하루가 소중한 청소년과 사회 초년생이 길을 잃고 헤매는 경우가 많다. 이런 젊은이들이야말로 8가지의 기초자질과 16가지의 기본역량을 이해하고 스스로 발전해 나가야 한다. 8가지 기초자질과 16가지 기본역량은 어느 회사에서나 공통으로 요구하는 요소이기 때문이다.

성품확장모델은 우리 사회의 여러 가지 인간상을 보여준다. 2부와 3부에서는 각 확장축을 따라 성품이 발전해 나가는 양상을 설명하고, 연령단계별로 반드시 개발해야 하는 역량모델군을 제시하였다.

특정 성품이 적절하게 발달할 때와 과도하게 발달할 때 성격과 행동에서 어떤 차이가 발생하는지 보여주었다. 나아가 각각의 확장 성품을 구체적으로 설명하고, 이들을 균형 있게 발전시키려면 어떻게 해야 할지 각 행동단계에 따라 자세히 소개했다.

성품확장모델과 기본역량의 해석

영역	기초자질	기본역량	해석
온화	유연감	창의성	탐구, 흥미, 관심, 호기심, 아이디어, 독창성, 업무혁신
		융통성	수용, 타인인정, 개방성, 접근, 협상
	안정감	낙천성	명랑, 긍정사고, 자기통제, 스트레스관리
		공감성	배려, 이타심, 타인이해, 분위기파악, 대인신뢰, 민주성, 겸양심
교감	유대감	소통성	언변력, 표현력, 설득, 협상
		협동성	팀워크, 팀지향, 협조, 정보공유, 공동체의식
	생동감	도전성	열정, 모험, 변화, 시도, 경쟁, 우직함, 승부욕, 승부근성
		활동성	네트워킹, 친화력, 인맥
자주	자신감	지도성	신뢰형성, 동기부여, 지적고무, 리더십, 조정력, 갈등중재, 권위, 통솔, 영도력
		주도성	자발, 자기확신, 능동성, 솔선수범, 적극성
	책임감	몰입성	열정, 추진력, 끈기, 좌절극복, 인내
		우수성	세부지향, 완결지향, 원칙준수, 품질, 철저함, 치밀함
분별	명석함	기획성	계획, 준비, 전략, 예측, 미래
		판단성	정보수집, 분석, 자료, 논리, 통계분석, 자료지향, 통찰
	합당함	전문성	프로의식, 지식, 노하우, 노력, 학습의지
		공정성	이치, 모범, 도리, 윤리, 예의범절, 공사구분, 윤리, 규범, 솔직, 신뢰, 믿음

성품의 기본을
잡아라

성숙하다는 것은 다가오는 모든 생생한 위기를
피하지 않고 마주하는 것을 의미한다. 프리츠 쿤켈

2

맑은 기운과 여유로움, 온화
언제든지 변화할 수 있는 마음가짐, 유연감
창의성 · 풍부한 상상으로 새로운 것 창조
융통성 · 변화에 기민한 반응
원만하고 평화로운 느낌, 안정감
낙천성 · 밝고 긍정적으로 행동
공감성 · 이해와 배려로 상호신뢰 구축

발랄한 감정의 연결, 교감
타인과 쉽게 협력하고 포용하는 능력, 유대감
소통성 · 유연한 언변으로 영향력 발휘
협동성 · 함께 나아가는 협력의 에너지
거침없고 에너지가 넘치는 생동감
도전성 · 목표를 위해 과감한 시도
활동성 · 역동적이고 생기발랄함

맑은
기운과
여유로움,
온화

온화(溫和, Mild)함이란 어질고 온순하며 따뜻하고 부드러운 기운을 뜻한다. 온화한 사람은 정서적으로 맑고 건강하며, 심리적으로 평온하다. 사랑의 감정을 충분히 음미하고 사용할 줄 안다. 생각은 열려있고 감정은 넉넉하고 여유롭다. 아동기에 부모와 형제·자매 등의 주변 환경으로부터 관심과 애정을 충분히 받은 경우가 대부분이다.

인간은 성장하면서, 새로운 길을 개척해나가면서 환경의 급격한 변화를 겪는다. 정서적으로 넉넉하고 온화한 사람들은 이러한 변화에도 겸허하게 반응한다. 그들은 변화에 맞서고 충돌하기보다는 포용하고 적응하려 한다. 부드러우나 약하지 않다. 변화에 순응하므로 오히려 능동적이고 적극적으로 변화에 대응할 수 있다.

온화는 사고와 관계를 확장축으로 하는 사분면에 위치하며, 각각 "유연감"과 "안정감"으로 확장된다. 이러한 기초 자질은 다양한 사회경험을 통해 기본역량으로 분화되고 심화한다. 온화한 기질은 대학생 및 사회초년생 시절에 겪는 다양한 기회와 도전, 성공과 실패의 경험을 통해 여러 가지 기본역량으로 발전해간다.

이 시기에는 참신하고 다양한 사고와 인간관계로 나름의 결과물을 만들어내고, 그에 대한 다양한 피드백을 받으면서 역량을 길러야 한다. 이렇게 길러진 역량은 사고를 관장하는 뇌와 가슴, 행동을 관장하는 팔과 다리에 각각 훈장처럼 새겨진다. 필요할 때 언제든지 꺼내 쓸 수 있는 본인만의 독특성이 된다.

언제든지 변화할 수 있는 마음가짐,
유연감

상상력은 인간을 진화시켰고, 미래에 대비하고 성취할 수 있는 학습동기를 주었다. 누군가가 호기심을 자극하는 화두를 던지면 다 함께 그것을 생각하고 논의하면서 균형을 잡아나간다. 변화를 있는 그대로 받아들이기도 하지만 필요에 맞게 발전시킬 때가 더 많다. 이것이 인간이라는 종이 출현하게 된 진화의 핵심요소이다.

유연감(being Flexible)이 있는 사람은 늘 새로운 것을 받아들일 준비가 되어 있고 무엇이든 습득하고 이해할 여유가 있다. 자신이 아는 것, 기존에 존재하는 것에 집착하지 않고 언제든지 변화할 수 있는 마음가짐이다. 끊임없는 사고로 자아를 성장시키고 발전시킨다. 흥미로운 도전과 호기심으로 발생하는 시행착오를 담대하게 받아들일 줄

안다. 자신이나 타인의 실수를 바로잡아 주면서 깨달은 점을 자신의 역량으로 만들기도 한다.

유연감이 있는 사람은 고지식하지 않다. 부자연스럽고 절차가 엉망이더라도 일단 받아들인다. 매뉴얼과 다르다고 해서 무조건 반대하지 않고 일단 적용하고 응용한다. 그런 뒤에 흥미가 있는 쪽으로 방향을 바꾸어서 시도해본다. 앞으로 걸어가 봐야 조금이라도 더 선명하고 분명하게 볼 수 있기 때문이다.

유연한 사고를 하는 사람은 거친 힘에 저항하지 않고 적절히 휘어질 줄 알며, 적당히 높낮이를 조절할 줄 알고, 낮출 줄 알며 적게 가질 줄 안다. 그래야만 온전함을 유지하면서 더 좋은 방향으로 심화시킬 수 있다. 이들이야말로 진정한 의미의 개혁가이자, 침묵과 평화를 사랑하는 혁신가이다.

창의성 · 풍부한 상상으로
새로운 것 창조

창의성(Creativity)은 유연한 사고와 풍부한 상상력으로 기존의 지식을 새롭게 조합하거나, 전혀 새로운 발상이나 아이디어를 바탕으로 독창적인 무언가를 만들어내는 성질을 뜻한다.

사고의 적극성

독창적인 아이디어는 사고의 적극성 여부에 달려 있다. 창의적인 사람들은 끊임없이 생각한다. 사소한 단서도 건성으로 취급하지 않고 발전시켜 나간다. 우연히 떠올린 아이디어를 가지고 놀면서 더 나은 창조물을 만들어낸다. 이들은 평범하거나 합리적으로 보이는 것을 신선한 관점에서 비평하므로 직관적이거나 기상천외한 해결책을 제시해줄 때가 많다. 이러한 비평은 의식적일 수도 있고 무의식적일 수도 있다.

창의성은 좋은 질문에서 시작된다

이들은 사소한 것에도 의문을 품고 다양한 방법으로 다르게 시도해 본다. 궁금한 것이 있으면 반드시 알아내야 해서 주변에 묻거나 혼자서 찾아보기도 한다. 누구에게나 뻔한 상식이나 진리조차 의문의 대상이 된다.

이들은 항상 상황에 맞는 질문거리를 찾아낸다. 학교 수업 시간이나 회사 교육 시간 내내 강사에게 질문할 내용을 고민할 정도이다. 이들은 답을 찾기 위해서가 아니라 질문 그 자체를 즐기기 때문에 질문한다. 질문이 있어야 답을 구할 수 있다. 훌륭한 질문은 창의적 발상의 좋은 재료이며, 창조로 가기 위한 첫 번째 돌다리이다. 이 책에서는 창의성과 창조성이라는 용어를 구분하지 않고 사용하였다.

기존의 것 고쳐 쓰기

창의적인 사람들은 이미 존재하는 것에 참신한 아이디어를 추가하여 새롭고 신선한 것을 만들어 낸다. 상상력이 뛰어나기 때문에 추상적인 개념이나 가상의 존재를 생각하는데 시간을 많이 할애한다. 때론 멍하게 있을 때도 있지만 이들에겐 꼭 필요한 재충전의 시간이다. 노자도 혁신과 유익을 위해서는 "빈 공간을 충분히 남겨두라"고 강조한 바 있다.

이들은 모두에게 익숙한 보편적인 상태를 가만히 두고 보지 못한다. 다양한 시각과 감성을 동원해서 고쳐보려는 도전적인 성향을 보인다. 독창적인 생각을 기존의 낡은 생각과 비교해서 그 진가를 찾아

창의성은 유연한 사고와 풍부한 상상력으로
기존의 지식을 새롭게 조합하거나,
새로운 발상이나 아이디어로
독창적인 무언가를 만들어내는 성질이다.

낸다. 하지만 삐딱하게 보는 것만이 능사는 아니다. 새롭고 독창적인 것이 보편적인 기존 질서를 뛰어넘어 인정받으려면, 타당한 정보와 객관적 지식의 뒷받침이 필요하다. 그래야만 실용적이고 가치 있는 산출물을 만들어 낼 수 있다.

창의성은 아무것도 없는 곳에서 툭 튀어나오지 않는다. 이미 존재하는 것을 목적에 맞게 고쳐서 쓰는 것이다.

논쟁과 시행착오의 친구

창조적인 사람은 왕성한 호기심을 가지고 다양한 탐구와 도전을 감행한다. 이들에게 시행착오는 새로운 발견의 시작일 뿐이다.

역사적인 발견과 발명은 평범한 사람들과 기득권 집단의 거센 반대에 끊임없이 부딪혔다. 17세기 과학혁명의 선구적 역할을 한 코페르니쿠스의 지동설이 그러했고, 나노 기술의 근간이 되는 양자역학이 그러했다. 이러한 창조적인 생각 없이는 근대 과학도, 지금의 인류 문명도 존재하지 않았을 것이다.

이야기를 만드는 상상력

창의성은 우리 뇌의 추론능력과 밀접한 관계가 있다. 추론이란 직·간접적으로 관찰한 데이터를 바탕으로 구축된 기억을 활용해서 새로운 정보를 연역해내거나, 새로운 개념을 귀납해내는 능력이다. 탐정 소설이나 추리 소설에 등장하는 명탐정처럼 사건현장을 추리하고, 몇 가지 단서를 조합하여 예상치 못한 스토리를 만들어낸다. 상식 밖

바른 성품

의 인과관계를 설정하거나 전혀 새로운 가설을 쏟아내기도 한다.

추론능력은 곧 이야기를 만들어내는 상상력이며, 이것이 바로 창의성의 핵심이다.

현실의 한계를 극복하는 수평적 사고

창의성은 다양한 현실을 반영하면서 자라난다. 창의적인 사람은 반항적인 면을 지니고 있으며 늘 새로운 것을 찾아다닌다. 이러한 기질이 늘 새로운 일에 관심을 두고, 수평적인 사고를 할 수 있게 해준다. 이들은 1+1이 반드시 2가 되어야 한다고 생각하지 않는다. 수직적이고 답이 정해진 사고도 싫어하지만, 이 정도면 됐다면서 생각을 중지하는 것도 싫어한다. 그런 것들은 기득권과 현재 상황을 유지하려는 방편일 뿐이라고 생각한다. 다양한 가치를 존중하는 자세로 열정과 노력을 발휘해서 1등이 되려고 한다.

현실의 한계를 돌파하기 위한 최선의 노력과 유일한 돌파구가 바로 창의성이다.

지나친 창의성은 엉뚱한 생각만 낳는다

성품이 골고루 균형 있게 발전하지 못하고 창의성에만 치우치면 엉뚱한 사람으로 보이기 쉽다. 아동기에는 호기심과 탐구심에 가득 차서 사고를 쳐도 귀엽게 봐줄 수 있다. 그러나 성인이 된 후에도 실용적이지 못한 아이디어들을 남발한다면 실없는 사람으로 보일 수밖에 없다.

창의적이면서 소통도 잘 하는 사람들은 엉뚱한 유머로 주위를 즐겁게 하거나, 기상천외한 행동으로 주변 사람들을 놀래키기도 한다. 그러나 이런 사람들은 대체로 주의가 산만하고 충동성이 높으며, 심하면 ADHD와 같은 주의력결핍과잉행동장애를 겪을 수도 있으니 조심해야 한다.

창의성이 부족하면 고집불통 된다

창의성이 부족한 사람들은 사고의 적극성이 떨어진다. 따라서 외골수가 되기 쉽다. 전통적인 방식이나 고정관념에 매달리는 보수성을 띠기도 한다. 새로운 도전을 하기보다는 기존의 것을 고수하며 자아를 보호하고 안정감을 얻기 위해서다.

이들은 새로운 아이디어와 방법론을 불편하게 생각하며, 다른 사람들의 선의도 쉽게 받아들이지 못한다. 막무가내라는 소리를 듣기도 한다. 손해를 보더라도 많은 사람에게 검증된 것이나 자신이 스스로 경험해본 것만을 선호한다. 여러 개의 답을 싫어하며 다양한 의견에도 귀 기울지 못한다. 고집불통이라 불리더라도 그게 편하다.

무임승차를 즐기는 사람에겐 창조성이 없다

다른 사람의 의견에 쉽게 동조하는 사람들, 집단이 결정한 일에는 궁금한 것이 있어도 의문을 제기하지 않는 사람들이 많다. 타인의 의견에 간단히 동의하는 것만으로도 문제를 해결할 수 있기 때문이다. 이들은 새로운 생각과 논리를 만들어낼 의지와 에너지가 부족하며, 새로운 갈등과 도전 상황을 만들기를 원하지 않는다. 이미 알려진 길로만 가는 것이 무난하고 편리하다고 생각한다.

메모하는 습관부터

창의성을 촉진하는 좋은 방법 중 하나는 사소한 것들을 적어놓는 습관이다. 내 책상 위에는 다양한 색상의 접착식 메모지가 여러 군데 붙어 있다. 나는 이들을 미해결과제라고 부르는데, 아주 중요한 일부터 사소한 일까지, 해야 할 일의 목록이 빼곡하게 적혀있다. 흩어져 있는 메모지를 유사성에 따라 정리하여 하나의 메모지로 합치기도 하고, 메모 위에 또다시 메모하기도 한다. 이러한 과정에서 생각이 정리되고 연결되어 새로운 아이디어가 떠오른다. 그 순간의 성취감은 말로 표현할 수 없을 정도로 크다.

순간적으로 떠오른 생각이나 엉뚱한 아이디어를 적어둔 메모가 창의적인 결과물을 낳곤 한다. 창의성을 요구하는 직업을 가진 사람들은 이 사실을 잘 안다. 보통 사람들도 적어 놓지 않는 바람에 좋은 아이디어를 날려 버릴 때가 많다.

무엇이든 좋다. 사소한 것이라도 일단 메모하고 붙여놓자. 그렇게 만들어진 메모를 관련 있는 것끼리 모으고 나눠서 정리하고, 새롭게 떠오르는 생각을 그 위에 덧붙여서 발전시키는 습관을 길러 보자.

잊어버리기 쉬운 사소한 일들도 반드시 해야 할 때가 있다. 이런 것을 잊지 않기 위해서라도 메모하는 습관을 들이는 노력이 필요하다. 누군가와 통화를 하다가 30분 뒤에 다시 연락하기로 하고 끊었다고 생각해보자. 메모해놓지 않으면 바쁜 일상생활 속에서 잊어버리기 십상이다.

책상 위에 놓인 메모지에 적어두고 스마트폰의 알림 기능을 설정해 놓으면 잊지 않고 다시 연락할 수 있다. 메모로 생각을 발전시킬 뿐만 아니라 약속을 지킬 수도 있다. 창의성에 약속을 지키는 신뢰감까지 있는 사람은 창의적이기만 한 사람보다 주변의 지지를 더 많이 얻을 수 있다. 그렇게 쌓인 주변의 신뢰와 지지는 여러분이 창의적인 일을 실행할 때 큰 힘이 되어줄 것이다.

우선순위를 설정한 뒤 중요한 것부터 처리하라고들 한다. 그래서 많은 사람이 눈에 띄는 큰일만 중요하다고 믿는다. 실제로는 사소한 것들을 놓치는 바람에 평판을 잃고, 사람들과 멀어지고, 비즈니스 기회를 놓치곤 한다.

바쁜 현대인에겐 수많은 미해결과제가 있다. 시간 여유가 생기면 전부 다 해결할 것 같지만 실상은 그렇지 못하다. 여유가 있다고 해결되지 않는다. 사소한 것을 중요하게 여기며 적는 습관이 있어야 해결할 수 있다. 사소하지만 급한 것들을 메모하는 습관을 들이자. 메모하지 않으면 처리할 수 없고, 사소한 일을 처리하지 못하면 신뢰를 얻을 수 없다. 꼼꼼하고 약속을 잘 지킨다는 평판이 당신의 창의성에 날개를 달아준다는 것을 명심하자.

융통성 · 변화에
기민한 반응

융통성(Flexibility)이란 그때그때 사정에 맞게 적절하게 대처하는 능력을 말한다. 융통성은 상황에 순응하고 순종하는 것만이 아니다. 주도적이고 자발적으로 자신을 변화시켜 상황에 적응하게 해주는 자질이다.

사고의 주도성을 전제로 한다

일본어이긴 하지만 '유도리 있다'는 말이 있다. 유도리, 즉 요령이 있는 사람들은 대체로 변화를 긍정적으로 받아들인다. 새로운 접근방식이나 아이디어에 개방적이고, 주변의 요구에 기민하게 반응한다. 맹목적인 순종이나 답습이 아니라 스스로 변화하여 적응하는 에너지가 있다.

시류에 맞춰서 자신의 믿음과 신념을 저버리는 것이 아니다. 사고와 행동에 대한 주도권을 유지한 채, 자신의 신념 체계를 바람직한 방향으로 수정해 나가는 것이다. 향후 자신에게 다가올 미래와 인간

관계, 현재 추진 중인 일의 성공을 위해 최적의 대안을 선택하는 것이기도 하다.

융통성의 다른 이름은 적극적인 개방

융통성이 있는 사람은 옹졸하지 않다. 익숙하지 않더라도 호의적이고 개방적이다. 이들은 자신과 생활배경이 다른 사람들과 함께 일하는 것에 부담을 느끼지 않는다. 모르는 분야도 거부감 없이 받아들인다. 낯설고 어려운 일이 발생하더라도 성장의 기회로 여기고 적극적으로 해결책을 모색한다. 타인을 적극적으로 도와주거나 타인과 잘 협조함으로써 조직의 가치를 높이기도 한다.

더 나은 것을 인정할 때 발휘된다

융통성이 있는 사람들은 자신이 처한 환경을 있는 그대로 인정하고 받아들인다. 자기 생각과 전혀 다른 것들도 과감하게 받아들일 줄 안다. 고개를 뻣뻣하게 든 상태에서 다른 시각을 접목하려고 하지 않는다. 자신의 부족한 부분을 인정하고 좁은 사고와 관습에 얽매인 절차, 편의 위주의 절차를 객관적으로 판단한다. 설령 자신이 해온 일이나 스타일이라고 해도 잘못된 점은 쿨하게 인정하고 고칠 줄 안다.

가장 훌륭한 융통성은 자신보다 훌륭한 타인이나 경쟁상대를 배척하거나 부정하지 않고, 그들의 장점 그대로를 인정하고 받아들이는 것이다.

융통성은 그때그때 사정에 맞게
적절하게 대처하는 능력이다.
상황에 순응하는 것만이 아니라 주도적으로
자신을 변화시켜 상황에 적응하는 자질이다.

때로는 원리원칙보다 낫다

유연한 사고는 원리원칙만 중시하는 고지식한 사고의 반대말이다. 예를 들어 직진이 가능한 우회전 차선에 정차하고 있을 때, 뒤에서 따라오는 급한 차량을 위해 횡단보도를 살짝 침범할 수도 있다. 마트 계산대에 한가득의 물건을 올려놓고 차례를 기다리는데 계산원이 차례 뒤에서 껌 한 통 사려고 서있는 아이에게 순서를 양보해달라고 청하는 경우도 그 예일 것이다.

사소하게 규칙을 어기는 행위를 무작정 비난하기는 어렵다. 융통성은 미리 정해놓은 정답을 나열하는 것이 아니라 주변 상황에 따라 교감하고 반응하는 것이다.

지나친 융통성은 줏대 없음

주도성과 몰입성에 비해 융통성만 높으면 줏대 없는 사람으로 보인다. 자신의 선택을 너무 쉽게 포기하거나 타인의 선택을 너무 쉽게 받아들여서는 안 된다. 상대방에게 주도권과 책임을 고스란히 넘기는 셈이기 때문이다. 이런 사람들은 업무 추진이나 의견 개진의 적극성도 대체로 떨어진다.

자신이 줏대가 없고 융통성만 너무 강하다고 생각한다면, 일단 상대방과 자신에게 의견 차이가 있음을 인정하는 것이 먼저다. 의견 차이 자체는 나쁜 것이 아니다. 서로의 차이를 확인한 후에 자신이 가진 정보와 의견을 허심탄회하게 개방하고, 상대와의 차이를 줄이고 공통점은 부각하려고 노력하면 된다.

융통성이 부족한 외골수

검증되고 익숙한 방식과 체계만을 고수할 뿐만 아니라, 어떠한 일이 있어도 전통과 관습을 따라야 한다고 믿는 이들이 있다. 이렇게 상황 변화에 대응하는 주도적인 사고를 하지 못하는 사람들을 우리는 융통성이 부족한 사람이라고 부른다.

그들은 균형과 안정성을 추구한다. 전례가 없는 상황, 앞이 보이지 않는 상황, 뾰족한 해결책이 없는 상황에 맞닥뜨리면 극심한 혼란과 불안감을 느낀다. 새로운 시도를 해서 조금 나아지는 것보다 차라리 예전 그대로를 선호한다. 순수하지만 고리타분하고 정적이다.

조금만 다르게 생각하자

요즘에는 대부분의 중고생이 선행학습을 한다. 특히 수학 과목이 그러한데, 많은 양의 수학공식을 정규 교육 과정보다 먼저 배우려는 것이다. 대다수의 선행학습은 공식 자체를 이해하는 것이 아니라, 기계적으로 공식을 외워서 빠르게 문제를 푸는 것만 가르친다.

이런 식으로 공부하면 처음에는 다른 학생보다 우월하다고 느낀다. 그러나 얼마 지나지 않아서 심각한 부작용에 빠진다. 깊은 생각을 하지 않게 되기 때문이다. 다양한 시도로 수학적인 사고력을 길러야 하는데 무조건 공식을 대입해서 풀려고만 한다. 융통성을 발휘하거나 자기만의 관점을 가질 생각을 하지 못하는 것이다. 주입식 선행학습이 청소년기의 호기심과 문제해결능력을 망쳐버린 예이다.

융통성이 부족한 사람들은 주변에 대한 호기심이 부족하거나 제대로 된 질문을 할 줄 모른다. 흥미와 관심을 가지고 주위를 관찰하는 데서 호기심이 시작된다. '왜 그럴까? 어떻게 저렇게 진행되지? 무엇 때문에 이런 일들이 벌어지는 것일까?' 질문이 꼬리에 꼬리를 물고 일어나는 과정을 거쳐 어린이의 생각은 성장한다.

아이가 쉴 새 없이 떠드는 수많은 질문에 부모가 단답형으로만 대답한다면, 자신만의 질문과 발견의 과정을 통한 지적 성장은 좌절되고 중단될 수밖에 없다. 부모는 아이의 호기심을 자극해야 한다.

다가오는 4차 산업 혁명 시대에서는 공식을 외워서 풀 수 있는 문제는 더 이상 인간의 몫이 아니다. 그런 것들은 알파고와 같은 인공지능이 인간보다 더 빠르고 정확하게 처리할 수 있다. 수학 공식을 외워서 문제를 푸는 시대는 끝났다는 뜻이다. 공식에 익숙해지면 새로운 것들을 볼 수도 없고 새로운 아이디어를 떠올릴 수도 없다.

융통성이 없는 사람은 호기심이 부족하고, 호기심이 부족한 사람은 융통성이 부족하기 쉽다. 호기심이 없는 사람의 두뇌는 서서히 경직되어 간다. 융통성이 부족한 사람들은 자기합리화에 빠지는 경향이 있다. 탐스러운 포도송이를 올려다보며 "저 포도는 너무 셔서 못먹어!"라고 외치는 〈여우와 신포도 이야기〉의 여우처럼 말이다.

사회나 직장에서 얼마나 많은 사람이 자신이 아니라 신포도 탓을 하는지 모른다. 일이 생각대로 진행되지 않으면 융통성 있게 다른 방법을 찾는 것이 아니라 변명과 구실부터 찾는다. 자신의 결점이나 실수 때문에 실패했다고 인정하는 대신, 불리한 조건이나 불충분한 지원 따위를 열거하면서 자신을 옹호하려 한다.

누구나 자신을 합리화하고 방어했던 경험이 있을 것이다. 나 역시 그랬다. 허망하고 비참한 처지가 되는 순간에 그럴듯한 논리로 자신을 위안하거나 변호했다. 중요한 실수를 하고서도 어쩔 수 없었다면서 책임을 회피하려 했다. 하지만 일시적으로 모면할지 몰라도 근본적인 해결책이 될 수는 없다. 자신을 객관적으로 바라볼 수도 없고, 사건이나 상황을 적절하게 해결할 수도 없다.

해결 방법은 융통성을 갖는 것이다. 융통성은 답답한 상황을 뻥 뚫어주는 시원한 탄산수가 될 수 있다. 조금만 다르게 생각해보자.

원만하고 평화로운 느낌,
안정감

정서적인 안정감은 주변 환경이나 주위 사람들과의 친밀감에서 시작된다. 안정감과 친밀감이 있는 사람은 주위 사람들이나 주변 상황에 쉽게 공감하고 동화된다. 이들은 긍정적이고 낙천적이며, 자기 생각과 언행에 확신이 있다.

안정감이 있는 사람들은 매사에 자신감이 있다. 다른 사람들을 배려하고 존중해준다. 아무리 속상한 일이 있어도 좀처럼 화를 내지 않으며 갈등상황에서도 양보하고 인내한다. 항상 즐겁고 온화하다. 사람들에게 긍정적이고 좋은 인상을 남긴다. 이들과 대화할 때는 침묵하는 시간이 별로 없다. 날씨나 사소한 일들로도 즐겁고 재미있게 이야기를 나눌 수 있다. 이와 같이 성품이 안정된 사람들은 둥근 원처럼 원만하고 무난하다.

사람은 타인에게서 긍정적인 피드백을 받을 때 온정과 자애를 느낀다. 서로를 존중하고 긍정할수록 교류의 양과 질이 높아지고 관계가 강화된다. 생활에 활력이 생긴다. 사람은 자신을 존중해주는 사람에

게만 진짜 모습을 보여주기 마련이다. 서로의 속마음이 진솔하게 보여야 상호 신뢰를 구축할 수 있다. 타인의 지지와 존중, 칭찬과 긍정은 무의식이 기억하는 엄마 품속처럼 평화로운 느낌, 즉 안정감을 준다.

낙천성 · 밝고 긍정적으로 행동

낙천적인 사람은 밝고 명랑하며 모든 것을 긍정적으로 생각한다. 쉽게 낙담하지 않고 희망적으로 행동한다. 매사 잘 되리라는 확신이 있어서 항상 즐겁고 활기차다.

평온하며 강직하다

낙천적인 사람은 스트레스 상황에서도 자신의 감정을 조절하여 평온함을 유지할 수 있다. 어렵거나 중요한 일을 앞두고도 냉정함을 잃지 않고 침착하게 대처한다. 작은 실패에 기죽지 않으며 재빨리 털어내고 기분전환을 할 줄 안다. 건설적인 비평을 흔쾌히 받아들이고, 분위기를 경쾌하게 만드는 재주가 있다.

　낙천적인 사람들은 털털하다. 그러나 이들의 내면에는 남다른 강직성이 존재한다. 자기 확신이 분명하며 마음이 꼿꼿하고 곧아서 쉽게 흔들리지 않는다. 다른 사람들에게 비판을 받거나 난처한 상황에 처하더라도 쉽게 무너지지 않는다. 부정적인 의견과 감정을 털어내고 끝까지 자기 생각을 밀고 나가는 힘이 탁월하다. 이러한 낙천성의 근간은 내면의 강한 정서적 안정감이다.

낙천성(Optimism)은 긍정적인 생각을 부른다

긍정적인 사고방식은 행동과 태도를 변화시킬 뿐만 아니라 결과 자체를 바꾸기도 한다. '즐겁게 하다'라는 라틴어에서 유래된 플라시보 효과(Placebo effect)가 그 예다. 플라시보 효과란 환자의 긍정적인 믿음이 병세를 호전시키는 현상을 말한다. 효과가 없는 가짜 약을 진짜 약이라고 믿고 먹어도 실제로 약효를 볼 수 있다.

그리스 신화에서 유래된 피그말리온 효과(Pygmalion effect)도 있다. 긍정적으로 생각하고 간절히 기대하면 결과도 바뀔 수 있다는 뜻이다. 학생에게 거는 교사의 기대에 따라 성적이 향상되는 경우처럼, 타인의 기대나 관심으로 능률이 향상되고 결과가 좋아지는 현상을 말한다.

낙천적인 사람은 자신의 능력과 상황을 긍정적으로 바라본다. 그럼으로써 자신의 역량을 충분히 발휘하며, 적극적인 태도로 다양한 도전을 할 수 있다.

생각은 행동을 바꾸고, 행동은 결과를 바꾼다.

자신의 강점에 주목한다

매사에 부정적이고 기가 죽어 있는 동료를 본 적이 있을 것이다. 이런 사람들은 자신의 강점이 아니라 약점에 주목한다. 자신보다 나은

낙천성은 자신의 능력과 상황을
긍정적으로 바라보는 능력이다.
낙천성의 근간은 내면의 강한 정서적 안정감이다.

처지에 있는 사람이나 능력이 탁월한 사람들과 자신을 끊임없이 비교하며 자책하곤 한다. 자신이 다른 사람들에게 어떻게 보일지 염려하며, 실수를 저지를까 봐 남들 앞에 쉽게 나서지도 못한다. 이렇게 타인과의 관계형성에 어려움을 겪는 사람들은 대부분 정서적인 안정감이 부족하다.

낙천성이 강한 사람들은 사람들과 관계를 맺고 소통하는 데 거리낌이 없다. 자신이 부족하다고 느끼지도 않는다. 겸양심이 없는 것도 아니다. 단지 자신의 강점에 주목한다. 설사 아홉 가지의 능력이 부족하더라도 잘하는 것 한 가지를 소중하게 생각하고 강화해 나간다. 이들은 늘 행복하고 활기가 넘친다. 현재가 즐거워야 자신이 그린 긍정적인 미래를 실현할 수 있다고 믿는다.

너무 낙천적이면 타인에게 무관심하다

낙천성이 과도한 사람들은 남에게 무관심하다. 현실을 분석하고 비판적으로 고찰하려고 하지 않기 때문이다. 이들은 지극히 외향적이고 걱정이 없다. 주의가 깊지 않아서 주변의 미묘한 변화와 반응을 쉽게 알아차리지 못하며, 알아차렸다고 하더라도 별로 신경 쓰지 않는다. 사람들의 얼굴이나 이름을 잘 기억하지 못할 때도 많다. 생리적으로 즐거움을 추구하므로 아무 생각 없는 사람으로 보일 수도 있다.

이런 사람들은 주위 사람들을 "미치고 팔짝 뛰게" 만든다. 건설적이고 필수적인 조언이나 피드백도 참견이나 억압이라 치부하고 잘못을 고치지 않을 경우가 많아서다. 본인은 태평하고 속 편한데 주위 사람들의 스트레스는 그만큼 커질 수밖에 없다.

낙천성이 지나치면 무능함을 권능으로 착각한다

지나친 자기 확신이 근거 없는 권능감으로 변하지 않도록 주의해야 한다. 자신이 남들보다 뛰어나고 우월하며, 특별한 행운의 주인공이 될 것이라고 믿는 사람은 굳이 말하자면 초(超)낙관주의자이다. 자신에게 주어진 어려움은 반드시 해결된다고 굳게 믿는다. 병적인 자기합리화라는 심리적 오류에 빠질 위험이 크다.

즉 쉽게 해결되던 일이 잘 풀리지 않거나 거듭 실패하여 일의 진척이 제자리걸음일 때 그 원인을 제대로 진단하고 반성하기보다 환경의 변화와 기회의 부족 때문이라며 외부에 책임을 돌리기 쉽다.

낙천성이 부족하면 과잉 반응한다

낙천성이 부족한 사람들은 매사에 비관적이다. 실수나 실패에 대한 두려움이 앞선다. 미래가 아니라 과거에 사로잡혀 자신을 책망한다. 쉽게 상처받는다. 자신의 불쾌한 감정을 주위 사람들이 바로 알아차릴 정도로 강하게 표현한다. 스트레스 상황이나 비판에 과잉 반응을 보이며 빈정거리기도 잘한다. 따라서 주변에서 이들의 눈치를 볼 수밖에 없다.

이런 사람들이 많은 조직, 즉 낙천성이 부족한 조직은 불필요한 긴장감으로 피로도가 높을 뿐만 아니라 활력도 떨어진다.

바른 심품

열등감에 사로잡히면 낙천성이 부족해진다

자아 강도, 즉 스스로에 대한 강한 의지와 자존감을 가지는 것은 매우 중요하다.

　자기 자신을 무의식적으로 무능하다고 여기거나, 자신의 열정과 능력을 하찮다고 치부하는 사람들이 적지 않다. 이런 사람들은 열등감과 같은 부정적인 감정에 사로잡혀 아무 것도 시작하지 못한다. 시작이 없으면 실패도 없기 때문이다. 이런 심리는 자신의 열등감을 들키지 않기 위한 회피이자, 나약한 자아에게 주는 보상이다. 이유야 어찌 됐든 사람들은 부정적인 사람을 만나고 싶어 하지 않는다. 거북하다. 한두 번은 공감해주고 응원해 주겠지만 지속적으로 그렇게 해줄 사람은 아무도 없다.

　인간은 본능적으로 긍정적인 사람들과 교류하고 싶어 한다. 슬픔과 우울함이 아니라 행복감과 즐거움을 공유하고 싶어 한다. 부정적인 의견과 감정은 금세 전파되며 다른 사람들의 기분까지도 쉽게 망쳐버린다. 어느 누가 불만과 분노로 가득 찬 사람을 좋아하겠는가?

낙천성은 상대의 장점을 찾아준다

낙천성은 자신과 상대방의 장점을 찾는 데 도움이 된다. 낙천적인 사람들은 상대방의 장점을 칭찬하는 데도 인색하지 않다.

　인사부서의 장으로서 일 년에 두 차례 신규 입사자 교육을 진행하던 때였다. 경기도 양평의 연수원에서 5박 6일 동안 열리는 이 프로그램은 회사의 직원교육 중에서도 가장 중요한 행사였다. 회사의 규정과 인재상을 소개하면서 '장점을 찾아라'라는 제목의 프로그램을 실시했다. 같은 공간에 있는 사람의 이름과 장점을 적은 뒤에 본인의 서명을 받아오면 끝이었다. 예를 들면 '홍길동은 다정다감하다' '김길동은 잘생겼다' '박길동은 발표를 잘 한다'라고 쓴 뒤에 서명을 받는다. 시간을 10여 분 주고 신나는 음악을 틀어주었다.

10분 후에 음악을 끄고 시상을 했다. 가장 많은 동기생의 장점을 발견하여 서명을 받아 온 사람에게 우승 상품을 수여했다. 간단한 프로그램이지만 본격적인 교육을 시작하기에 앞서 교육생들이 서로 마음을 열고 가까워지는 계기가 되었다. 짧고 단순한 칭찬이 서로의 내면에 있는 낙천성을 일깨워 줌으로써 열린 마음으로 서로에게 다가갈 수 있게 한 것이다.

모든 사람에게는 장단점이 있다. 사람과 사람 사이에도 상대적인 장단점이 있다. 내가 가진 어떤 요소가 어떤 사람에게는 장점으로 보일 수 있고, 어떤 사람에게는 치명적인 단점으로 보일 수도 있다. 중요한 것은 상대의 장점을 발견해서 그 사람에게 알려주는 것이다.

처음 보는 상대라도 호의를 가지고 장점을 찾아보고, 발견한 장점을 그 사람에게 알려주자. 그러면 상대의 기분이 좋아질 뿐만 아니라 장점을 말하는 사람의 뇌 속에도 도파민이 샘솟는다. 낙천성이 자신감을 가져오고, 자신감은 업무를 대하는 자세를 바꾼다. 더 중요한 것은 낙천성이 서로의 마음을 열어줌으로써 대인관계를 개선해 준다는 점이다.

그런데 낙천성이 너무 지나쳐도 문제가 된다. 지나친 긍정주의자는 자신의 인생은 자신도 모르는 좋은 운에 의해 항상 좋은 방향으로 흘러갈 것이고, 지금 하는 모든 일이 결국 자신에게 도움이 될 것이며, 자신은 항상 타인과 공동체를 위해 이득이 되는 무언가를 하고 있다고 막연하게 생각하는 경향이 있다.

근거 없는 믿음이 너무 강하면 노력을 게을리한다. 세상 모두가 나를 도와줄 거라는 믿음은 어린 시절에 부모가 물도 떠다 주고, 밥도 차려주고, 새벽에 깨워주기도 하고, 온갖 칭얼거리는 투정도 다 받아주던 시기에나 통하던 몽상에 불과하다. 사회에서 성인 대접을 받기 원한다면 과도한 환상은 반드시 버려야 한다. 스스로 강해지고 성장하려면 막연한 낙관보다 현실을 직시하며 미래를 준비하는 자세가 필요하다.

너무 먼 미래의 꿈이나 일상의 사소한 행운에 기대는 습관을 버리자. 편의점에서 산 로또 한 장에 '이번에는 반드시 당첨될 거야'라는 말도 안 되는 희망을 품지 말자. 일확천금과 대박에 대한 막연한 기대감을 버려야 한다. 행운의 여신은 자신을 스토킹하는 사람에게 냉혹한 법이다. 시간을 쪼개어 쓰면서 부단히 노력하고 하나씩 채워나갈 때만 진정한 안정감을 얻을 수 있다. 노력은 배신하지 않는다.

공감성 · 이해와 배려로
상호신뢰 구축

공감성(Sympathy)이란 특정한 상황에 처한 사람이나 현상에 자신의 감정을 이입시킴으로써 그들과 비슷한 감정을 느끼는 성질을 뜻한다. 나아가 상대방을 이해하고 배려하며, 공감하고 지지하는 마음을 뜻하기도 한다.

배려하는 사람은 공감지수가 높다

공감성이 있는 사람은 다른 사람을 존중한다. 타인에게 관심과 배려를 보인다. 상대방의 감정과 생각과 욕구를 인식하여 적절하게 반응하므로 주변 사람들에게서 예의 바르고 매너가 좋다는 말을 종종 듣는다. 다른 사람들의 이야기를 주의 깊게 듣고 적절하게 반응한다. 자신과 다른 견해도 경청하고 이해하려고 애쓴다. 친구들의 생일이나 기념일을 잘 기억하고 챙겨주거나 주변 사람들의 관심사나 흥미, 기호, 좋아하는 스타일을 빨리 캐치하여 센스 있는 제안을 해주기도 한다.

그런 사람들과의 대화가 즐겁지 않을 리 없다. 공감성이 높은 이들과 가까운 이들은 안정감과 자존감이 높아진다. 스트레스나 좌절을 극복할 힘을 얻기도 한다.

공감하는 행동 첫 번째, 곁에 머문다

이들은 주변 사람들 사이에서 인생의 상담자 역할을 자주 하는 편이다. 사람들을 편안하게 대하고 그들의 이야기를 잘 들어주기 때문이다. 평소에도 타인을 잘 도와주며 남들이 꺼리는 일에도 솔선수범한다. 인사성도 밝고 유순해서 누구나 이들과 가까이하려 한다. 어떤 조직에서도 환영 받는 성품이다.

또한 자신의 신변 이야기를 자주 들려주고, 자신이 진행하는 중요한 프로젝트나 관심사에 대한 조언이나 상담을 편하게 요청하는 편이다. 이러한 관계지향적인 행동은 다른 사람들에게 안정감을 준다. 자신이 필요하다고 느끼게 해주기 때문이다.

누군가에게 인정받고 싶고, 주위 사람에게 도움을 주고 싶고, 지금껏 잘해왔다고 격려받고 싶은 것은 인간의 본능이다. 이러한 본능이 강한 사람들은 공감성이 높은 사람들을 좋아하며 항상 필요로 한다. 하지만 아첨꾼은 조심해야 한다.

아픔과 외로움도 공유한다

미국 최고의 토크쇼, 오프라 윈프리 쇼(the Oprah Winfrey Show)에서 오프라 윈프리는 아주 강력한 마법의 말을 자주 했다. "I know your pain." 윈프리가 출연자의 두 손을 꼭 잡으며 "당신의 아픔을 알아요"라고 말하면 출연자들은 숨겨왔던 슬픔과 고민, 아픔을 조심스럽게 털어놓기 마련이다. 상대방의 마음을 알아주는 것만으로도 충분히 공감이 가능함을 알 수 있다.

인간은 쉽게 외로움을 느낀다. 그래서 항상 자신과 교감을 나누는 사람이 누구인지 확인하고 싶어 한다. "난 항상 당신의 팬이에요" "당신이 어떠한 사람이든 무조건 당신을 이해하고 응원합니다"와 같은 말을 해주는 사람을 좋아하지 않을 사람이 어디 있겠는가. 다른 사람의 마음을 읽을 줄 아는 것은 큰 축복이다. 상대의 눈으로 자신을 바라볼 수 있고, 세상의 시각으로 스스로를 판단할 수 있어서다.

대화로 교감을 나누고 싶다면 상대방의 시각에서 자신의 마음을 표현해보자. 그러한 대화법으로 상대방이 나에게 큰 영향을 주고 있다는 사실을 알려줄 수 있다. 어떤 사람들은 자신이 누군가에게 영향을 미치고 있다는 생각만으로도 크나큰 격려와 찬사를 받았다고 생각한다. 이것이 바로 교감의 원칙이다.

공감을 주면 애정이 온다

지혜를 얻고 싶다면 책을 많이 읽으면 된다. 돈을 많이 벌고 싶다면 상술을 배우면 된다. 사람의 마음을 얻기 위해서는 어떻게 해야 할까? 모든 일 가운데 사람의 마음을 얻는 일이 가장 어렵다. 사람의 마음을 얻으려면 애정과 존중하는 마음을 가지고 차별 없이 대해야 한다. 이것이 공감의 참뜻이다.

바른 성품

공감성은 특정한 상황에 처한
사람이나 현상에 자기 감정을 이입하여
그들과 비슷한 감정을 느끼는 성질이다.
상대방을 지지하고 배려하는 마음이다.

공감은 자신을 낮추는 데서 시작된다. 그런 마음 없이 상대방의 말에 귀 기울이는 척해봐야 금세 들키기 마련이다. 공감은 머리가 아니라 가슴으로 하는 것이다. 자신을 낮추고 공감하는 태도가 습관처럼 자연스럽게 몸에 배어있어야 한다. 이러한 습관이 조직을 윤택하게 만들어주고, 나아가 애정과 배려가 넘치는 사회를 만들어준다.

공감성은 지속적인 안정감을 낳는다

한비자를 보면 여도지죄(餘桃之罪, 왕에게 먹다 남은 복숭아를 먹인 죄) 일화가 등장한다. 신하를 향한 왕의 감정이 변하는 바람에, 처음에는 칭찬받던 행동으로 훗날 큰 벌을 받았다는 이야기다. 이처럼 감정은 변덕스럽고 변화무쌍하다.

공감은 단순히 다른 사람의 말을 들어주거나 그의 의견에 동조하는 것이 아니다. 무조건적인 수용은 오래가지 못한다. 상대의 마음과 하나가 되어 서로 존중하는 관계가 되어야 한다. 이를 위해서는 어느 한 사람의 시각이나 입장에 좌지우지되거나 흔들리지 않아야 한다. 서로의 내면에 건강한 자의식과 신념이 자리 잡고 있어야 서로를 공감할 수 있다. 그래야만 관계를 오래 지속할 수 있다.

공감성이 뛰어난 사람들은 겸손할 뿐만 아니라 사사로움도 적은 편이다. 자신을 앞에 두지 않고 다른 사람의 뒤에 선다. 그늘에 숨지도 않는다. 그들은 전체의 일부분으로서 끊임없이 전체와 소통하고 교류한다. 자신이 속한 전체와 자신을 동일시하므로 전체의 번영이 곧 자신의 번영이라고 굳게 믿는다.

이런 사람들은 조직이나 공동체에 속함으로써 안정감을 느끼며, 자신이 속한 조직이나 공동체의 평화를 위해 노력한다.

공감이 지나치면 과도한 감정이입

공감성을 갖춘 사람은 다른 사람의 일을 자기 일처럼 도와준다. 타인의 힘든 일에 함께 속상해하고 기쁜 일에는 함께 즐거워할 줄 안다. 주위 사람들도 그들의 공감 능력에 기뻐하고 고마워한다.

그러나 관심과 공감이 지나치면 주위 사람들을 불편하거나 부담스럽게 만들 수도 있다. 이심전심이라는 말이 있지만 타인의 마음이 자신과 똑같을 수는 없다. 게다가 같은 말도 상황에 따라, 사람에 따라 다르게 받아들여진다.

타인이나 주변 상황에 대한 감정이입이 과도하면 자기 문제는 내버려둔 채 주위 사람들의 사소한 문제에만 매달리거나 자신의 시간과 미래를 희생하기까지 한다. 자아의 벽이 허물어져 버리는 것이다. 그러면 자존감도 낮아지고 타인에게 감정적으로 의존하게 된다. 자신이 만든 함정에 스스로 뛰어드는 격이다.

공감능력이 부족하면 매사에 부정적

반대로 공감성이 극히 부족한 사람들은 일 중심적이고 결과 중심적인 성품을 갖게 된다. 이런 사람들은 스스로를 고립시킨다. 주위 사람들은 감정이 메마른 사람, 강압적이고 공격적인 사람이라고 여기므로 외로울 수밖에 없다. 주변과 세상이 자신을 알아주지 않는다고 생각한다.

문제는 공감성이 결여된 사람은 안정성도 부족하다는 데 있다. 안정성이 부족한 사람은 지속적인 성과를 창출해 내기 어렵다. 크게 성공할 수도 있지만 그것을 오래 유지하기 어렵다.

매사에 부정적인 사람을 멀리하라. 모든 일에 불평불만이 많은 사람, 냉소적인 사람, 핑계를 일삼는 사람을 가까이해서는 안 된다. 그런 사람들은 주위 사람들의 노력과 성공을 보잘것없는 것으로 평가절하하고, 조직의 활력과 에너지도 먹어치워 버리는 흡혈귀와 같은 존재이다.

너무 심한 표현이라고 생각하는가? 그러나 될 일조차 안 되게 만드는 그들의 능력(?)을 생각하면 결코 지나친 말이 아니다.

공감이 결여된 사이코패스

인간은 사회적 동물이기 때문에 평생 서로에게 의지하며 살아간다. 공동체와 조직 속에서 다른 사람들과 교류하고 교감하는 것이다.

반사회적 인격 장애라 불리는 사이코패스(Psychopath)들은 다르다. 타인과 관계를 갖지만 교감은 거의 없으며, 생각은 하지만 감정이 없다. 사이코패스 성향은 어려서부터 나타나므로 너무 충동적인 어린이, 동물이나 곤충을 심하게 학대하는 어린이는 부모가 항상 주의 깊게 살펴보아야 한다.

사이코패스는 양육의 문제가 아니라 선천성 뇌질환 때문에 나타난다. 이들은 타인에게 감정이입을 못 하기 때문에 인간적인 동정심이나 죄책감이 없다. 감정 표현을 가슴이 아니라 머리로 하니 서툴고, 표정이나 행동이 부자연스러울 수밖에 없다. 거짓말을 잘하고 도덕성이 결여되어 있다.

진심어린 자기노출과 기다림

다른 사람과 자연스럽게 공감하기 위해서는 친밀감과 자기노출이 필수적이다. 서로에게 마음의 문을 열지 않는데 공감할 수는 없다. 자신에 대한 소소한 이야기를 들려주는 것은 상대를 향한 호감의 표현이며, 경계심을 낮추고 내밀한 대화를 이끌어내는 훌륭한 방법이다. 일반적으로 자기노출을 할수록 상대방은 더 큰 호감을 느끼므로 더욱 쉽고 빠르게 관계를 발전시킬 수 있다. 한쪽의 자기노출에 화답하여 다른 한쪽도 자신을 노출한다면, 서로의 공감은 더욱더 깊어질 것이다.

그런데 자기노출에도 긍정적 자기노출과 부정적 자기노출이 있다. 예를 들어 오랜만에 만난 동료나 옛 친구에게 은근히 자신의 성취와 성공을 자랑하는 사람들이 있다. 자신의 내면을 오픈하는 척하면서 자기자랑을 늘어놓는다. 승진을 앞둔 것, 이번 달에 보너스를 받은 것, 새로 구입한 명품백이나 최근 다녀온 휴양지에 대해 이야기하면서 상대방의 반응에 따라 완급을 조절한다. 이런 것은 진짜 공감이라고 할 수 없다. 좋게 봐줘도 비뚤어지고 음습한 인간관계 스킬(?)이라고 할 수밖에.

부정적 자기노출만큼이나 과도한 자기노출도 바람직하지 않다. 상대방과 충분한 친밀감이 형성되기도 전에 다짜고짜 자기 이야기를 털어놓으면 오히려 공감 지수를 떨어뜨린다. 입사한 지 얼마 되지 않은 신입사원이나, 이제 막 시작하는 연인이나, 한 다리 건너 알게 된 친구 사이이나, 시작한 지 얼마 되지 않는 비즈니스 파트너의 관계에서 특히 그러하다. 사람과 사람 사이에는 충분한 공간이 필요하다. 친밀하지 않은 상대에게 지나치게 친밀감을 표시하면 부담스러울 수밖에 없다.

많이 말하기보다 적절하게 말해야 한다. 적절한 자기노출의 기본은 진심과 인내심이다. 누군가와 공감을 나누려면 먼저 시간을 들여 친밀감을 형성해야 한다. 나의 진심이 상대방의 마음속에서 공명하려면 상대방의 마음이 열릴 때까지 기다려야 한다. 이와 같이, 진정한 공감을 위해서는 진심 어린 자기노출과 기다림이 모두 필요하다. 공감의 요체는 진정성과 기다림이다.

바른 성품

발랄한 감정의 연결, 교감

교감(交感, Communion)은 말 그대로 감정을 나누는(交) 것이다. 교감은 서로의 마음을 전하는 것이며, 친밀함과 발랄함을 함께 나누는 것이다. 교감할 줄 아는 사람은 주변 환경이나 사람들의 감정 변화에 민감하게 반응한다. 펄떡펄떡 뛰는 '심리적 생동감'이 있기 때문에 주위 사람들과 마음 편히 소통할 수 있다.

맑은 햇살이 내리쬐는 일요일 오전, 테라스를 짚은 손등 위에 전해지는 따뜻함을 느끼는 것만으로도 자연과 교감하고 자연의 생기를 나누어 가질 수 있다. 사랑을 시작하는 연인, 걸음마를 시작하는 아이와 부모는 서로의 눈빛과 손길로 감응한다. 건강한 유대감을 바탕으로 친밀하고 행복한 기운을 나누어 갖는다. 이것이 바로 교감이다.

교감은 말이나 몸짓을 필요로 하지 않는다. 상대방의 감정 상태를 이심전심으로 느끼고 이해하며, 나아가 동질감을 느끼는 것이 교감이다. 교감이 충만한 사람은 겸손하고 매력적이며 평화롭다. 타인과의 상호작용이 매끄러우며, 대체로 때묻지 않은 순수한 마음을 지녔다.

교감은 자아의 여러 특성 중의 하나이다. 교감은 "행동"과 "관계"를 확장축으로 하는 사분면에서 각각 "유대감"과 "생동감"으로 확장된다. 유대감과 생동감이라는 기초자질은 다양한 사회적 기회와 경험, 긍정적이거나 부정적인 피드백, 그 피드백에 대한 고민과 성찰을 통해 발전해 나간다.

타인과 쉽게 협력하고 포용하는 능력, 유대감

유대감(being Relationship)은 다양한 사람들과 긍정적인 인간관계를 형성하고 유지하게 해준다. 유대감이 높은 사람은 타인과 쉽게 협력할 수 있다. 타인을 인식하고, 소통하고, 함께 활동하면서 즐거움과 안정감을 느끼는 사람은 사회생활 속에서 유대감을 발휘하고 발전시켜 나갈 가능성이 높다.

유대감이 풍부한 사람은 새로운 관계를 시작하는 데 어려움을 겪지 않는다. 낯선 것을 배척하기보다는 자신과 잘 맞는 부분, 좋아할 수 있는 부분, 편안함을 느끼는 부분을 찾으려고 무의식적으로 노력하기 때문이다. 재치와 수완으로 갈등상황을 잘 극복할 뿐만 아니라 팀워크도 좋다.

이들은 평소에 인정을 잘 베풀고 세심하다. 다양한 사람들을 감싸 안는 포용력이 있으며, 다른 사람과 다투지 않고 흥허물도 없다. 자신을 내세우지도 않는다. 마음이 밝고 깨끗하고 이해심이 넓으며, 스스로를 낮출 줄 안다. 스포트라이트를 받으려고 애쓰지도 않고, 모두의 시선을 끄는 중요한 일을 하겠다고 나서지도 않는다. 보이지 않는 곳에서 자신의 책임과 역할을 다해 조직을 빛내는 것만으로도 충분히 만족한다. 이러한 측면에서 볼 때, 유대감이 높은 사람은 물과 같은 사람이다.

유대감을 갖춘 사람들은 작은 것에도 감동하고 행복해한다. 자신이 속해있는 회사나 학교 또는 지역사회를 긍정적으로 보려고 애쓴다. 상대의 장점과 선한 행동에 주의를 기울인다. 자신의 처지를 비관하거나 남의 흉을 보지 않는다. 자기중심적이고 부정적인 언행을 하지 않으려 한다.

교감이라는 본성은 타인이나 외부 환경과의 접촉을 통해 유대감으로 확장되며, 소통성과 협동성이라는 기본역량으로 다시 확장된다. 소통성은 타인과의 관계축에 좀 더 가깝고, 협동성은 행동이라는 관계축에 더욱 가깝다. 협동성이 높은 사람은 이해와 베풂의 자세로 다른 사람을 존중하고 진심으로 도움을 주려고 한다.

바른 성품

소통성 · 유연한 언변으로 영향력 발휘

소통성(Communication)을 갖춘 사람은 다른 사람의 말에 귀를 기울일 줄 안다. 경청을 통해서 상대방이 말하고자 하는 요지와 의도를 잘 파악한다. 자신의 의사를 분명하고 유창하게 전달할 수 있으며, 청중의 주의를 끌고 영향력을 발휘하는 데도 능숙하다.

언변력은 올바른 의미전달의 핵심

언변이란 말을 잘하는 재주나 솜씨를 말한다. 말재주, 입담, 말솜씨, 화술과 비슷한 말이다. 언변력이 좋은 사람은 자신을 표현하고 싶어 하고, 다른 사람의 사고나 행동에 영향을 주고 싶어 한다. 단지 말이 많거나, 빠르고 수월하게 말할 수 있다고 해서 언변력이 좋다고 하지는 않는다. 그런 사람들은 그냥 말이 많은 것이다.

쉬운 내용을 어렵게 설명하는 사람, 전문적인 용어나 외래어를 무분별하게 사용하는 사람을 흔히 볼 수 있다. 중요한 것은 상대방이 내 말을 이해하고 있는가, 그리고 내가 상대방의 말을 이해하고 있는

가이다. 쉬운 내용은 당연히 쉽게, 어려운 내용도 쉽게 전달할 수 있어야 언변이 좋은 것이다.

대화를 통해서 서로를 이해하기 위해서는 호감과 신뢰감이 형성되어야 한다. 언변이 좋은 사람들은 자기 생각을 타인에게 쉽고 분명하게 전달하며, 자신감 있는 말과 행동을 보여줌으로써 신뢰감을 형성한다.

자신감과 확신에서 나오는 언변력

언변력은 거창한 것이 아니다. 수업시간에 조별 발표를 하거나 회사에서 팀을 대표하여 프레젠테이션하는 것도 수많은 군중 앞에서 연설하는 것과 다를 바 없다. 청중의 규모가 많든 적든, 자신의 뜻을 제대로 전달하고 긍정적인 인상을 줘야 한다는 점에서 그렇다. 발표를 앞두고 불안과 두려움을 느끼는 것은 자연스러운 일이다.

우리는 말과 글로 의사소통한다. 자기 생각과 감정을 말이나 글로 전달하며, 상대방의 결정이나 판단을 말과 글로 전달받는다. 학교 선생님도, 학원 강사도, 내과의사나 한의사와 보험사 영업사원, 검사와 변호사도 타인과 끊임없이 소통해야 한다는 점에서는 똑같다.

말과 글을 통해 자기 뜻을 관철하려면 사전에 내용을 철저히 숙지해야 한다. 그래야만 자신감을 가지고 주도적으로 대화를 이끌어갈 수 있다. '지금부터 내가 말하려는 것에 대해서는 내가 최고의 전문가이며, 여기 모인 청중은 모두 나에게 호의가 있고, 내 설명을 즐겁게 들어줄 준비가 되어 있다'라고 믿고 연단에 올라서자.

마른 성공

대화나 연설을 능수능란하게 이끌어나가기 위해서는 자신감뿐만 아니라 상대방과의 유대감도 필요하다. 아무리 달변가라 하더라도 벽을 보고 1분 이상 재치 있게 말하기는 어렵다.

솔직해야 소통할 수 있다

소통의 기본은 솔직함이다. 솔직하다는 것은 객관적인 사실을 근거로 하며, 자신의 이익을 위한 숨겨진 의도가 없다는 뜻이다. 남의 약점을 들춰내어 조롱하거나 유머의 소재로 삼아서는 안 된다. 타인을 비꼬거나, 교묘하게 험담을 하거나, 타인의 실패담을 인용해서 자신의 입지를 다지는 사람들이 의외로 많다. 적어도 내 경험상, 그런 사람들은 언젠가는 낭패를 본다.

지금 이 순간에도 수많은 직장인이 자신이 듣고 싶은 것만 들으려고 하고, 자신이 아는 지식만으로 성급하게 결론을 내리고 있을 것이다. 지위가 올라갈수록 그런 경향은 오히려 더욱 심해진다.

대부분의 관리자는 듣는 데 익숙하지 않다. 수많은 하급자로부터 다양한 보고를 받고 의사 결정을 해야 하므로 어쩔 수 없는 측면도 있다. 하루 24시간을 쪼개가며 수많은 사람과 의사소통을 해야 하고 보고를 받아야 한다.

그런 이유라면 그래도 괜찮지만 "내가 해봐서 아는데~"라는 고정관념이나 이유 모를 옹고집 때문에 제대로 듣지 않는 경우가 적지 않다. 자신의 약점이나 감정을 오픈하고 솔직하게, 허심탄회하게 의사소통을 하지 못하는 상사도 많다. 이런 상사일수록 아랫사람이나 동

소통성은 경청으로 상대방이 말하고자 하는 바를
잘 파악하고 자기 의사를 분명하고
유창하게 전달하는 능력이다.
청중의 주의를 끌고 영향력을 발휘한다.

료의 말을 끊고 자신이 하고 싶은 말만 늘어놓는다.

이유가 무엇이든 간에 자기중심적인 사고와 태도는 조직의 팀워크를 저해한다. 조직 내부에서 원활하게 이루어져야 할 의사소통의 양과 질을 떨어뜨리고, 구성원들의 상호 신뢰를 깨뜨린다.

패자 없는 설득은 가능하다

나는 맞고 너는 틀리다는 식의 언쟁은 지양해야 한다. 실제로는 막무가내로 요구하거나, 말꼬리를 잡거나, 은근히 협박하는 일도 흔히 발생한다. 어느 한쪽이 굴욕감과 패배감으로 뜻을 굽히기 전에는 끝나지 않을 때도 많다.

설득은 승자와 패자를 가르기 위한 것이 아니다. 정당한 논리와 근거를 갖추고 최선의 합의를 도출하는 과정이다. 그런데도 우리는 자신의 의견이나 주장만을 내세우며 상대방의 허점을 공격하는 사람, 상대방을 격렬하게 공박하는 사람을 설득에 유능한 사람이라고 생각하는 경향이 있다. "양보는 곧 지는 것"이라는 한국사회 특유의 풍토 때문이다.

훌륭한 설득은 상대방을 내 편으로 만드는 것이다. 상대방과의 교감을 통해 논리와 감성이라는 두 마리 토끼를 한꺼번에 잡는 과정이다. 상대방에게 패배감을 느끼게 하는 설득은 가장 저급한 설득이다. 그런 설득은 안 하느니만 못하다. 상대방이 양보나 동의를 강요받았다고 느끼는 경우도 마찬가지다. 설득당한 게 아니라 본인이 선택했다고 믿게 만들어야 한다. 그게 진짜 설득이다.

개의 꼬리를 손으로 흔들어 준다고 해서 개의 기분이 좋아지는 않는다. 동료의 겨드랑이를 간지럽혀 웃게 만든다고 해서 동료가 행복해지지는 않는다. 대화나 설득의 당사자 모두가 자신에게 최선의 솔루션을 자신의 의지대로 선택했다고 믿게 만드는 것이 좋은 소통이며, 논쟁의 바람직한 결말이다. 이 과정에서 그동안 쌓아온 유대감이 손상되지 않아야 하는 것은 물론이다.

훌륭한 협상력은 소통에서 나온다

소통성을 갖춘 사람은 설득과 협상에도 능하다. 다른 사람의 태도나 의견에 영향을 미칠 수 있고, 자신의 제안이나 계획에 관한 동의도 비교적 쉽게 얻어낸다. 이들은 다른 사람들을 자기편으로 만들거나, 그들이 의견을 바꾸도록 하거나, 자신에게 동조하게 만드는 재주가 있다. 자신에게 유리한 방향으로 협상을 이끌어 나감으로써 만족스러운 결과를 만들어낼 줄 안다. 대화와 협상의 핵심과 흐름을 잘 짚기 때문이다. 재치 있는 논리로 상대의 정곡을 찌르기도 한다.

협상을 시작하기 전에 목표와 기대 수준을 정해놓는 것이 좋다. 가장 바람직한 수준과 그럭저럭 만족할 수준, 그리고 최소한으로 수용할 수준을 미리 정해놔야 협상 과정에서 상대방의 주장에 따라 조건을 유연하게 조절할 수 있다.

협상 과정에서 자신의 감정을 노출해서는 안 된다. 상대방의 처지를 이해하고 있음을 주지시키면서 원만한 합의점을 도출해 나가는 것이 성공적인 협상을 위한 왕도(王道)이자 정도(正道)이다.

상대의 불평에서 위안을 얻는 이기적인 사람

사람들은 듣는 것보다 말하는 것을 더 좋아한다. 똑똑하거나 어리석거나, 나이가 많거나 어리거나 할 것 없이 똑같다. 말이 많은 사람일수록 남의 말을 잘 듣는 척한다. 고개를 주억거리고, 열심히 눈을 맞추면서 관심과 경청을 보여준다. 그런데 이런 사람들은 중간에 상대의 말에 끼어든다. 이제까지 내가 들어줬으니 지금부터는 내 이야기를 들어줘야 한다는 식이다.

시답잖은 가십과 불평불만이 밑도 끝도 없이 이어진다. 자신의 처지를 비관하고 상사나 동료의 불평을 늘어놓는다. 잘 살펴보면 이들의 한탄에는 진정성이 없다. 자신이 정말로 불행하다고 믿는 게 아니라 상대방도 불평을 늘어놓게 만드는 게 목적이다. 상대방이 불평하기 시작하면 적당히 위로해주는 척하면서 더 많은 불평을 하도록 유도한다. 상대가 늘어놓는 불평과 불행을 듣고 위안을 얻으려는 것이다. 겉으로는 상대방의 신세 한탄을 열심히 들어주는 척하지만 속으로는 그래도 난 아직 괜찮다며 자위한다.

불필요한 수다가 지나치게 길어지면 서로 지칠 수밖에 없다. 수다를 통해서 뭔가를 얻을 수 있는 것도 아니다. 적절한 분량의 대화 속에서 상호 이해를 증진하고 호감과 정보를 나누는 것이 좋은 소통이다.

소통성이 지나치면 설득을 남발한다

직장생활을 하다 보면 지나치게 설득하려 드는 사람을 쉽게 볼 수 있다. 그런 사람들은 어린 시절에는 말대답을 많이 했을 가능성이 높고,

학창시절에는 핑계와 변명으로 일관했을 가능성이 높다.

남들을 설득할 수 있다는 자신감이 넘치는 사람들은 자칫 억지를 부리거나 장광설을 펼치는 사람으로 보이기도 한다. 이런 사람들일 수록 능력이나 현실보다는 자신의 현란한 말솜씨에 쉽게 의존한다. 설득을 잘 하는 사람은 비평능력이 뛰어나며, 화려한 화술로 타인에게 긍정적인 인상을 준다. 그러나 이런 사람들이 많은 조직은 소모적인 논쟁과 갈등에 시달릴 가능성이 크다.

극심한 경쟁사회에서 생존하려면 협상력이 필수적이다. 조직도 그러한 인재를 필요로 한다. 그러나 언변을 믿고 지나친 설득을 남발하는 사람과 함께하고 싶은 사람은 없다. 겸손한 자세로 상대를 배려할 줄 아는 사람만이 좋은 협상가가 될 수 있다.

소통하지 않으면 매사에 주저한다

소통을 못 하는 사람들은 대개 자신감이 부족하다. 자신이 얼마나 유능하고 아는 게 많은지 모르는 사람이나, 부끄러움이 지나치게 많은 사람은 소통에 어려움을 겪을 수밖에 없다. 설사 실제로 아는 것이 적고 부끄러움을 많이 타는 성격이라고 해도 두려워할 필요는 없다. 부족한 점들은 자신감으로 상당 부분 보충할 수 있다.

자신감이 부족한 사람들은 앞에 나서거나 토의를 주도하는 일이 극히 드물다. 한 걸음 뒤에서 조용히 지켜보기를 선호한다. 자신이 정답을 알고 있을 때조차 언변이 부족해서 타이밍을 놓치기도 한다. 분명하고 원활한 의사소통이 잘 안 되기 때문에 자기 뜻과 감정, 또는 정보를 전달하는 데 어려움을 겪는다.

적극적으로 공유하고 지원을 청하자

조직에서 소통의 중요성은 아무리 강조해도 지나치지 않다. 소통을 방해하는 핵심 요소 중 하나는 침묵이다. 자기 일이 아니라면 굳이 나서지 않고 입을 닫는다. 절실함을 가지고 함께 해결해야 하는 문제조차 나중으로 미루는 경우가 허다하다. 다른 누군가가 나서서 해결해주기를 기대하며 책임을 회피하는 것이다.

　문제를 직시하고 해결하기보다 주위의 시선을 더 걱정한다. 쓸데없는 오지랖으로 보이지 않을지, 불필요한 간섭이나 투정으로 보이지 않을지, 자신에게 불리한 상황을 초래하지는 않을지를 더 우려하는 것이다. 지나치게 예의와 격식을 중시하는 경우도 마찬가지다. 이런 사람이 많은 조직은 대다수의 구성원이 눈치만 보면서 침묵하는 조직이 될 수밖에 없다. 시쳇말로 "침묵의 카르텔"이 형성된다.

　방치되어 온 문제가 곪을 대로 곪아서 폭발할 지경이 되어서야 왜 아무도 말하지 않았냐며 아우성치는 사례도 있었다. 알았을 게 뻔한데도 모르고 있었다고 발뺌하거나, 그것이 문제인 줄 몰랐다며 무덤덤한 척하는 사람들도 있었다.

　침묵하지 말고 입을 열자. 문제를 정면에서 보고 자신의 목소리를 내자. 권위나 조직에 맹목적으로 따르지 말고, 질문이 있다면 묻고, 납득이 되지 않는다면 정중하게 설명을 요구하자. 조직을 이끄는 리더도 마찬가지다. 구성원들 눈치를 보거나 침묵하는 리더를 보는 것만큼 민망한 일도 없다.

　많은 사람이 오해하는 것과 달리, 조직 내부의 갈등은 왕성한 질문과 적극적인 참여가 아니라 침묵에서 생겨난다. 조용한 조직은 평화로운 조직이 아니라 죽은 조직이다.

소통이 없는 혁신은 실패

진정한 소통을 가능하게 하는 사소한 습관이 있다. 바로 진심 어린 인사다. 어색하고 뻣뻣한 인사는 관계마저 어색하고 뻣뻣하게 만든다. 간단한 인사 한마디에도 진심을 담아서 '안녕하세요?' 하고 건네보자. 직관적인 칭찬을 곁들이면 더 좋다. '넥타이가 잘 어울리시네요'라든지 '오늘 표정이 밝아 보이시네요. 좋은 일 있으신가 봐요' 등으로 가볍게 칭찬하는 것이다. 단순하고 소박한 칭찬으로도 상대에 호감을 표시할 수 있으며 존중받는다는 느낌을 줄 수 있다. 대인관계와 소통은 인사에서부터 시작된다. 웃으며 인사하고 상대방에게 먼저 말을 건네는 사람치고 대인관계가 안 좋은 경우를 본 적이 없다.

　한 가지 경험을 더 나누고 싶다. 중요한 프로젝트를 성공시켜서 회사의 위기를 극복해야 하는 상황이었다. 내부에서 적합한 인재를 찾지 못해서 우수한 외부 직원을 발탁하였다. 해외 유명 대학교에서 박사학위를 받고 서울 모 대학 부교수로 계시던 분을 신규 사업기획 총괄 부서장으로 어렵게 모셔온 것이다.

　해당 업무에 대한 지식과 전문성을 겸비한 훌륭한 분이었다. 자신의 임무를 정확하고 명석하게 처리할 뿐만 아니라 다른 사람들이 미처 챙기지 못하던 부분까지 완벽하게 처리했다. 회사 내부에 선례나 절차가 없던 일들도 척척 해냈고, 다양한 제안으로 혁신적인 내용을 발표했다.

그러나 예전부터 그 업무를 해왔던 팀원들과 갈등이 생겼다. 그들 중에서도 자신이 추진해온 일에 자부심이 유난히 강한 팀원 한 명이 상담을 요청했다.

문제의 핵심은 소통의 부족이었다. 당시 인사팀장이었던 나는 신임 부서장과 내부 팀원들이 갈등을 원만하게 풀도록 몇 번이나 중재했다. 그러나 그 팀원은 결국 퇴사하고 말았다. 보직 변경도 소용없었다.

몇 달이 지나기도 전에 기득권이 있던 기존 멤버들 중심으로 패가 나뉘었다. 그들은 자신들이 구축해온 방식과 절차를 무시하고 혁신을 밀어붙인 부서장을 시기하고 모함했다. 결국 그 부서장도 사직하고 말았다.

조직에 도움이 되는 명백한 말과 행동도, 팀원들과 소통하지 않고 협의 없이 밀어붙인다면 반대에 직면할 수밖에 없다. 그것이 반대를 위한 반대이든 의미 있는 반대이든 똑같다. 어차피 다수의 이해와 도움 없이는 어떤 일도 순조롭게 진행할 수 없다.

조직에서의 업무처리와 의사결정에는 정답이 없을 때가 많다. 사내 체육대회 유니폼 색을 결정하는 것처럼, 단순한 선택의 문제가 대부분이다. 그런 문제조차 다수의 의견을 취합하고 서로의 갈등을 조정하는 과정을 거쳐야 한다. 큰일이든 작은 일이든 수많은 사람과 진이 빠질 때까지 시도 때도 없이 소통해야 결론이 날까 말까 하고, 그렇게 얻은 결론도 '윗분' 말 한마디에 완전히 뒤집히는 일이 비일비재하다.

일의 경중과 우선순위부터 정하자. 목숨을 걸고 정답을 주장해야 하는 일에 집중하고, 갈등 요소가 적거나 다수결로 결정할 수 있는 일들은 최대한 쉽고 빠르게 처리해버리자. 똑똑하게 일하자.

협동성 · 함께 나아가는
협력의 에너지

협동성(Collaboration)은 서로의 마음과 에너지를 모아 팀의 목표를 추구해 나가는 협력지향적인 성질을 말한다. 협동성이 강한 사람은 여러 사람과 협력하고 소통하는 데 능하다.

함께 일하는 것

협동성이 좋은 사람은 주위 사람들의 행동과 의지를 한 곳으로 모을 줄 안다. 사람들의 에너지가 같은 방향으로 흘러가도록 유도한다. 다른 사람을 지원하거나 본인만의 노하우와 정보를 공유함으로써 상호 협조적인 분위기를 조성하는 것이다. 이를 통해 공동체의 목표 달성에 기여한다.

혼자 일하기보다 함께 일하는 환경을 선호한다. 다정다감하며 동료들과 원만한 관계를 유지한다. 동료가 어려운 일을 당하면 그냥 지나치지 않는 의협심도 있다. 동료의 성공에 기여하는 것만으로도 기꺼이 만족감을 느낀다. 본인이 주도적으로 해결한 문제도 자신이 아니라 팀 전체에게 공을 돌리는 겸양심도 있다. 그러므로 협동성이 높은 사람과 그 주위 사람들이 끈끈한 동지애를 형성하는 것은 자연스러운 일이다.

조직에 기여하고 싶다면 협동하라

인간은 본능적으로 무리 속에서 심리적인 안정감을 찾으려 애써왔다. 무리에 속해 있으면 충분한 휴식을 취할 수 있고, 치열한 생존 경쟁을 위한 창과 방패를 잠시 내려놓아도 된다. 서로에게 의지하고 협력하려는 성향은 우리의 유전자에 깊이 각인되어 있다.

그런데 무리의 일원으로 머물기 위해서는 무리에 지속적으로 기여해야 한다. 이것이 협동의 불문율이다. 무리에 소속되려면 때론 자신의 안전과 이익을 미루거나 포기해야 한다.

이러한 상태는 오래 지속될 수 없다. 인간의 본성이 협동을 좋아한다고 해도 자신의 이익보다 더 좋아하지는 않기 때문이다. 공동체를 구성하는 개인의 기여에 대한 보상이 불평등하거나 불공정하다면 협동을 오래 지속할 수 없다. 협동으로 인한 시너지 효과, 즉 1 더하기 1이 2가 아니라 3이나 4가 되던 효과도 사라지며, 심하면 공동체를 떠받치던 가치 체계가 무너짐으로써 사회적 안전판이 사라지기도 한다.

협동해야만 완벽한 팀이 가능하다

혼자 힘으로 할 수 없는 일도 협동하면 할 수 있다. 서로의 장점을 살리고 부족한 점은 서로 보완하면서 함께 같은 곳으로 달려가면 되기 때문이다. 이런 의미에서 완벽한 개인은 불가능하지만 완벽한 팀은 가능하다. 물론 완벽한 팀을 만들기란 극히 어렵다. 구성원들이 가진 능력의 궁합뿐만 아니라 성격의 코드까지 잘 맞아야 하기 때문이다.

겉으로 드러나는 능력을 조합하는 것은 쉽다. 능력이 현저히 부족한 사람은 방출하거나 2군으로 내려보낼 수도 있다. 하지만 눈에 드러나지 않는 성격과 성품은 오랜 세월 부대껴보기 전에는 알 수가 없다. 위계에 따른 변수도 많다. 하급자로서 훌륭하다고 해서 상급자로서도 잘 할 것이라고 볼 수 없으며, 그 반대도 마찬가지다.

분명한 것은 모든 사람이 일정 수준 이상의 협동성을 가지고 있어야 한다는 점이다. 그래야 모든 구성원이 협조적인 태도를 가지고 타협하고 절충할 수 있다. 이러한 암묵지가 있어야 구성원들의 시너지 효과를 기대할 수 있다.

리더는 약자를 배려하고 관용을 베풀어야 한다. 부하직원의 작은 실수는 포용하고 바로 잡아줄 수 있어야 한다. 리더가 조직의 발전을 위해 묵묵히 헌신하는 조력자들을 존중하고 인정해줘야 구성원들이 자발적으로 공동체에 헌신할 수 있다.

협동으로 조직의 갈등관리

여러 사람이 함께하는 공동체에는 갈등이 존재할 수밖에 없다. 갈등을 원만하게 해결해 나가는 과정을 통해 모두가 받아들일 수 있는 공감대를 형성해 나가야 한다. 이러한 공감대를 무난히 만들어 나가는 것이 공동체 유지의 핵심이라고 할 수 있다.

협동성은 서로의 마음과 에너지를 모아
팀의 목표를 추구해 나가는 협력지향적인 성질이다.

갈등을 해결하기 위해서는 풀어야 할 문제 자체에 집중해야 한다. 감정이 아닌 논리가, 대립이 아닌 타협이 필수적이다. 갈등을 유발하는 사람이나 해결하려는 사람들 자체를 평가하려고 하거나, 그들의 의도가 무엇인지에만 관심을 두는 태도는 좋지 않다.

섣부른 감정이입이나 불필요한 대립도 지양해야 한다. 논쟁을 위한 논쟁으로 흐르다가 결국엔 분노와 대화단절로 치닫게 되기 때문이다. 객관적이고 논리적으로 문제에 접근한 뒤에 솔직하게 소통하면서 이견을 좁혀나가야 한다. 그래야만 모두가 이익을 볼 수 있다는 점을 잊어서는 안 된다.

양보와 헌신에서 시작한다

인간은 동물과 달리 이타주의를 이해하고 실천할 수 있다. 생면부지의 사람들을 돕기 위해 헌금을 하거나 헌혈을 한다. 사후에 장기기증을 하겠다는 서약까지 한다. 타인을 위해 자신을 희생할 줄 아는 것이다. 치열한 경쟁상황에서조차 전체의 이익을 도모하려는 내쉬 균형(Nash equilibrium)이 그 예이다.

협동성이 높은 사람은 주변의 시기나 질투에서 자유롭다. 항상 조금씩 양보하고 자신의 것을 내어주기 때문이다. 이들은 그것을 손해라고 생각하지 않는다. 나누어주면 언젠가는 돌려받을 것이라고 믿기 때문이다. 이들은 주위 사람들은 물론이고 자신이 속한 공동체를 위해 헌신할 준비가 되어 있다.

개발도상국의 경제적인 자립도를 높이고 지속가능한 발전을 가능하게 하기 위한 공정무역(Fair Trade)이 주목받고 있다. 시장 가격이 아니라 생산자에게 유리한 조건으로 거래하는 것이다. 이러한 공정무역은 커피와 같은 농작물을 생산하는 나라에서 주로 실시되고 있으며, 부의 균형, 환경 보호, 노동 착취 방지, 인권 신장을 위한 국제적인 사회 운동으로 전개되고 있다.

착한 소비로 불리는 공정무역의 사회적 의미는 상당하다. 이타주의의 국제적인 실현이기 때문이다. 철저한 이기주의가 횡행하는 국제 경제에서 일부러 비싼 값을 치르고 농작물을 구입한다는 것은 의미 있는 일이 아닐 수 없다.

협동성이 지나치면 적당히 타협한다

협동성이 지나친 사람은 타인의 의견이나 행동에 좌우되는 경향이 있다. 주변 상황에 따라 자신의 의견을 쉽게 바꾸고, 팀의 분위기를 위해 건전한 경쟁과 도전 자체를 회피한다. 최적의 답이 아니라 모두의 기분을 거스르지 않는 적당한 타협점에 만족하는 경우도 많다. 이런 경향이 조직의 장기적인 발전에 도움이 되지 않는 것은 물론이다.

착한 사람 코스프레와 협동은 다르다

사람들과의 관계를 최우선으로 생각하는 이들은 자신의 감정을 솔직하게 드러내지 못하고 억제하는 경우가 많다. 남을 배려하고 잘 도와주는 사람이라는 평판을 잃고 싶지 않기 때문이다. 이것을 시쳇말로 "착한 사람 코스프레"라고 한다. 만화 주인공과 같은 의상을 입고 그

　　　　　　　　　　　　　　　바른 성품

사람이 된 것 같은 기분에 빠지는 코스프레(Costume Play)와 비슷하기 때문이다.

착한 사람 코스프레를 하는 사람들은 다른 사람의 기분에 민감하게 반응하고 어려운 부탁도 잘 거절하지 못한다. 자신과 함께하는 동안은 모두 즐겁고 행복한 시간을 보내야 한다는 강박관념 때문에 자신의 욕구를 억제한다.

이들은 다른 사람들에게 계속해서 인정받기를 원한다. 협동성은 모든 기질 중에서 관계지향성이 가장 강한 기질이다. 자신이 타인과 맺고 있는 관계에 대해서 지속적으로 관심을 가지고 확인하고 싶어 한다.

이들은 자신이 속한 조직이나 주위 사람들과의 유대감이 충분하지 않다고 생각되면 스트레스와 불안을 느낀다. 이러한 불안감은 사소한 계기를 만나서 갑자기 표출되기도 한다. 타인들과의 관계 속에서 축적된 스트레스가 한계치를 넘는 순간 돌발적으로 노여움을 표시하는 것이다.

이러한 분노는 폭발적인 형태로 나타나기도 하지만 소극적으로 표현되는 경우가 더 많다. 평소 착하고 순하던 사람이 갑자기 눈빛도 안 마주치고 피한다든지, 잘 다니던 회사에 갑자기 사표를 던지거나 잠수를 타는 것이 그것이다.

이기적이면 고독하다

독립성이 강한 사람은 혼자 일하는 게 편하다. 혼자서 과제나 연구에 집중해서 성과를 낸다. 하지만 사회성이 부족하여 친구가 없거나 고독해질 수 있다. 이들은 이래저래 이기적인 사람으로 오해받기 십상이다. 타인을 도와주거나 협력해서 일하는 것에 서툴고 인색하기 때문에, 타인과의 관계에서 어려움을 겪을 수밖에 없다.

동료와 화합하고 좋은 관계를 유지하자

협동을 방해하는 요소 중에 '그냥 싫은 사람'이라는 것이 있다. 드러내놓고 말하기에는 유치할 정도로 사소한 이유로 누군가를 눈에 띄게 싫어하는 것을 말한다. 그 사람의 표정, 말투, 출신 지역, 생김새 등과 같이 중요하지 않은 어떤 요소가 견딜 수 없이 싫고 짜증 나는 것이다.

이런 사람과도 잘 지내야 할까? 물론이다. 억지로 친하게 지낼 필요는 없지만 적으로 만들 정도로 자신의 혐오를 표시해서는 안 된다. 불필요한 갈등을 조장할 필요는 없기 때문이다. 그렇다고 상대를 좋아하려고 애쓸 필요도 없다. 조직의 일원으로서 상대를 인정하고 현상을 유지하면 충분하다.

반대로 누군가가 이유 없이 나를 멀리한다고 느낄 수도 있다. 그러면 은근히 신경이 쓰이게 된다. 나도 모르게 뭔가를 잘못한 것은 아닌지, 오해가 있는 것은 아닌지 고민하는 것이 당연하다. 그들의 기분을 신경 쓰거나 잘 보이려고 노력하기도 한다.

이런 경우는 그냥 그들의 감정을 있는 그대로 받아들이는 것이 좋다. 모두가 날 좋아하는 것이 오히려 이상한 것이다. 날 싫어하는 사람은 그냥 두면 된다. 군이 상대의 마음에 들기 위해 노력할 필요도 없다. 나는 내 목표와 성공을 위해 조직의 일원으로서 성실하게 노력하면 충분하다. 화를 내거나 뒷담화를 할 필요도 없고 그냥 있는 그대로를 존중하며 지내면 된다. 단, 내 인생에 큰 영향을 미치는 사람이라면 별도의 노력이 필요하다.

유난히 단합이 잘되고 화목한 부서를 이끌었던 적이 있었다. 유능한 팀원들이 나를 믿어주고 잘 따라와 주었다. 다른 팀보다 야근과 주말 출근이 많았지만 불평불만 없이 자신의 임무를 훌륭하게 수행해주었다. 생일을 맞은 동료가 있으면 자발적으로 돈을 모아서 생일 케이크를 사서 생일파티를 열어주곤 했다. 그 자리에 내가 없더라도 종이컵에 케이크 한 조각과 음료수를 덜어 내 자리에 올려두곤 했다. 서로의 새 와이셔츠에 관심을 두었고, 누군가가 혼자서 식사를 하지 않을까 염려하며 챙겨주었다. 실제로 땅콩 두 알을 네 조각으로 나눠 먹을 정도로 관계가 두텁고 친밀했다.

회사의 인사정책을 검토하고 기획할 때는 팀원들이 자유롭게 토의할 수 있도록 분위기를 만들어 주었다. 팀원들과 회사의 모든 정보를 공유하고 함께 논의했다. 함께 일하는 사람들에 대한 존중의 표현이었다.

부서원끼리 화합하고 좋은 관계가 유지되어야 능률과 생산성이 향상된다. 동료들과의 시너지 효과도 극대화될 수 있다. 상사나 부하가 개인 역량을 믿고 단독플레이를 하는 조직은 오래 가지 못한다. 누군가는 슛이 아니라 패스를 해야 한다. 좋은 관계에서 이심전심이 생기고 일이 술술 풀린다. 자기 일에 대한 프로의식은 친밀감으로 인해 느슨해지는 것이 아니라 더욱 강화된다.

협동은 서로의 마음과 힘을 하나로 합치는 것이다. 쉬운 말이지만 회사나 조직에서 실제로 실천하기는 어렵다. 조직 구성원이 협동하게 하는 것은 일차적으로 리더의 책임이다. 리더가 선배로서의 권위를 내려놓고 마음을 열어야만 구성원이 자발적으로 협동할 수 있다.

거침없고 에너지가 넘치는
생동감

생동감(Being Dynamic)이 있는 사람은 에너지가 넘치고 생기발랄하며 외향적이다. 표현에 거침이 없다. 자신을 드러냄으로써 즐거움을 느낀다. 뒤를 돌아보지 않고 앞을 향해 달린다. 자신을 세상 속에 내던진 뒤에 세상과 교감하며 전진한다. 가끔은 즉흥적인 충동에 몸을 맡기고 브레이크 없는 열차처럼 질주하기도 한다.

훌륭한 리더는 어린 시절부터 스포츠로 도전과 용기, 인내와 규율, 팀워크를 배운다. 경기의 승패를 통해 승리의 영광과 기쁨, 패배의 좌절과 아픔을 경험할 뿐만 아니라, 목표를 달성하거나 경쟁에서 승리하려면 자신과의 싸움에 익숙해져야 한다는 것을 깨닫는다. 이러한 경험으로 인내심과 추진력이 길러지는 것이다.

생동감은 도전성과 활동성을 통해 개발된다. 생동감이 넘치는 사람들은 타인과의 교감도 중요하게 생각한다. 스스로 만족하고 행복을 느끼는 사람만이 타인과 제대로 교감할 수 있다.

이와 같이 도전성과 활동성에 교감 능력까지 갖춘 사람은 주변의 신뢰를 쉽게 얻으며, 상호 존중과 협력을 통해 일과 가정 모두에서 긍정적인 결과를 얻을 수 있다.

도전성 · 목표를 향한
과감한 시도

도전성(Challenge)은 목표 달성에 대한 성취 욕구에서 시작된다. 도전적인 사람들은 승부근성과 모험심이 있어서 과감하게 시도하는 것 자체를 즐긴다. 낯선 것에 두려움이 없고 늘 당당하며, 적극적으로 변화와 혁신을 모색한다.

움직이는 사람

도전성을 갖춘 사람들은 안전하고 보장된 길을 거부한다. 고난이 따르더라도 흥미롭거나 잘할 수 있는 일을 추진한다. 도달하고자 하는 기대수준이 높으며 끊임없이 자신을 단련하고 채찍질한다.

아무나 쉽게 할 수 있는 일은 이들에게 의미가 없다. 다소 어렵고 위험하더라도 성취욕을 자극하는 과제를 선호한다. 스스로 선택한 뒤 일단 덤벼든다. 그러므로 가보지 않은 길에 대한 후회는 없다. 자신이 정한 도전적인 목표를 달성하기 위해 노력하며, 경쟁 상대를 이기기 위해 최선을 다한다.

도전성이 있으면 스트레스를 극복한다

이들은 극심한 스트레스나 미래에 대한 두려움도 잘 이겨낸다. 신체적·정신적 압박에서 혼자서 벗어날 수 있다. 자신의 힘으로 긴장을 풀고, 정신을 집중하고, 감정을 통제하기 때문에 억압적인 상황에서도 마음의 평화를 얻을 수 있다. 스트레스나 긴박감에 짓눌리지 않고 시한폭탄이나 롤러코스터와 같은 짜릿한 자극으로 인식하고 즐길 줄 안다.

도전의 필수요건은 정당한 승부근성

공정한 게임이라고 생각하면 이기기 위해 최선을 다한다. 승패를 떠나서 경쟁하는 것 자체를 즐기며, 경쟁의 과정에 집중한다. 일단 시작된 승부는 반드시 이겨야 한다고 믿으며, 어떤 상대와 경쟁해도 이겨낼 자신이 있다. 적절한 경쟁구도는 이들을 성숙하게 해주는 밑거름이다.

안타를 쳐서 1루에 진출했으면 무슨 수를 써서라도 홈을 밟으려고 한다. 공에 맞는 한이 있어도 끊임없이 도루한다. 언제라도 전력질주를 할 수 있도록 긴장의 끈을 놓치지 않는다. 오늘의 패배를 내일의 승리를 위한 밑거름으로 삼을 줄도 안다. 패배해도 좌절하지 않고 나름의 대비와 연습을 한 뒤에 기어이 다시 도전한다.

정면 돌파하는 용기

남극 펭귄들은 바다에 뛰어들기를 두려워한다. 바닷속에는 먹이도

도전성은 목표 달성에 대한 성취 욕구에서 시작된다.
도전적인 사람들은 승부근성과 모험심이 있어
과감하게 시도하는 것 자체를 즐긴다.

많지만 물개나 바다표범도 많기 때문이다. 변화는 "최초의 펭귄"에게서 시작된다. 한 마리의 펭귄이 용기를 내서 뛰어들면 무리의 모든 펭귄이 한꺼번에 바다로 뛰어든다.

최초의 펭귄이 되자. 용기 있게 시도하는 자만이 발전하고 조직을 변화시킬 수 있다. 도전성이 있는 사람은 두려움보다 더 큰 용기가 있다. 성공을 향한 용기가 실패에 대한 공포보다 더 큰 사람들이다.

날아오는 화살을 피하지 않거나 시퍼런 칼날 아래에 목을 내미는 것은 어리석음이지 용기가 아니다. 진정한 용기를 가진 사람은 옳은 일, 명분이 있는 일을 위해 과감하게 결단하고 전진할 줄 알고, 나아갈 때와 물러설 때를 구별할 줄 안다.

도전 정신이 지나치면 승부에 집착하고 일확천금만 꿈꾼다

승부근성이 지나친 사람들은 끊임없이 다른 사람과 비교하고 경쟁한다. 게임에서 질까 봐 초조해하고, 부정적인 결과를 받아들이지도 못한다. 패배를 광적으로 한탄하고 승리에만 집착한다. 상대방의 공정한 승리도 우연과 편법의 결과라고 평가절하하면서도, 다음에는 무슨 수를 써서라도 이기고야 말겠다고 다짐한다.

이런 사람들은 승부욕에 사로잡혀 편법이나 반칙을 사용하거나, 다른 사람에게 손해를 끼치지 않도록 주의해야 한다. 상대의 우월함과 성공을 인정하고 배우려는 자세가 필요하다. 상대방을 패배시킬 때까지 물러서지 않거나 말도 안 되는 논쟁을 벌여서도 안 된다. 도전을 위한 도전, 승부를 위한 승부, 논쟁을 위한 논쟁을 벌이지 않도록 특히 조심해야 한다.

승부근성이 높은 사람은 내기나 도박에 빠지기도 쉽다. 아슬아슬함과 예측 불가능성이 주는 스릴과 쾌감을 본능적으로 즐기기 때문이다. 문제는 도박에 빠지면 헤어 나오기 어렵다는 데 있다. 자신은 언제든지 그만둘 수 있고 조절할 수 있다고 믿겠지만 실제로는 그렇지 않다는 것을 주변 사람들 모두 안다.

승부욕과 도전성은 자극에 대한 충동적인 탐닉으로 흐르기 쉽다. 도박이 주는 짜릿한 쾌감은 마약과 다를 바 없다. 추구하면 추구할수록 더 강하고 자극적인 쾌감을 갈구하게 만들기 때문이다. 이런 쾌락에 길든 사람은 건전하고 근면한 노동을 하찮게 여기고 일확천금의 행운에 집착한다. 그런 사람들의 일상생활이 건전하고 안정적일 리없다.

인간은 끊임없이 자신을 남과 비교한다. 타인과의 비교를 통해 자신의 위치와 상태를 확인받고 싶어 한다. 타인보다 나으면 기뻐하고 부족하면 화를 낸다. 나도 예전에는 그랬다. 장남이랍시고 부모님께 동생보다 더 많은 것을 요구했다. 먹을 것이든 입을 것이든 동생 것보다 내 것이 더 좋아야 했다. 빵 한 조각을 먹더라도 동생은 얼마나 먹는지가 신경 쓰이고, 크리스마스 선물을 뜯을 때조차 동생의 선물은 무엇인지가 더 궁금했다.

좀 더 커서 학교에 가서도 마찬가지였다. 나는 같은 반 친구들의 성적도 내 성적에 못지않게 중요하게 여겼다. 대학 졸업 후 첫 직장에서는 경쟁관계에 있던 동료의 승진이나 성공을 진심으로 축하해주기는 힘들었다. 운이 좋았거나 인맥 덕분이겠지 하며 나도 모르게 깎아내렸다. 미숙한 사회초년생 때의 일이지만 돌이켜보면 왜 그랬나 싶다.

이기심과 시기, 질투는 인간의 본성이자 기본 감정이다. 자존감과 자기애의 그림자와 같은 것이며, 도전과 성장의 발판이 되기도 한다. 가까운 동료가 성공하면 자신의 처지와 비교하면서 불안해하고, 먼 친척의 경사에도 입으로만 축하할 뿐 속으로는 별 것 아니라며 자위한다. 대범하고 그릇이 큰 사람도 크게 다르지 않은 것 같다. 인간의 본성이기 때문이다.

적당한 시기, 질투는 동기 부여의 기폭제

질투와 시기심은 라이벌 관계로 여기는 사람들을 대상으로 생겨난다. 대부분 자신이 잘 알거나 관심 있는 분야에서 활동하는 사람에 대해 성립한다. 이런 사람들에게 무의식적인 경쟁심을 품는다. 100조 원의 재산을 가진 빌 게이츠나 제프 베조스에게 질투나 경쟁심을 느낄 사람은 몇 명 없을 것이다. 사람들은 손을 뻗으면 닿을 법한 이들에게 시기와 질투를 느낀다.

영업 관련 업무에 종사하는 어느 선배는 고객과 중요한 계약을 성사한 경우에도 절대로 사무실에서 크게 기뻐하지 않는다고 한다. 오히려 더 조용하게, 아무 일도 없다는 듯이 행동한다고. 영원한 동지도 영원한 라이벌도 없기 때문이란다.

나는 시기심이나 경쟁심이 무조건 나쁘다고 생각하진 않는다. 동료의 성공이 자극제가 되어서 두 배, 세 배 더 노력할 수도 있다. 시기심과 질투심을 동기 부여의 기폭제이자 연료로 전환할 수 있다면 꼭 나쁘다고 볼 필요는 없을 듯하다. 기왕이면 "긍정적인 시기심"과 "협력적 경쟁심"을 갖자는 말이다.

질투심은 우리를 끊임없이 시험에 들게 한다. 부정적인 시기심이나 파괴적인 경쟁심으로 우리 자신을 망쳐서는 안 된다. 경쟁 관계에 있는 사람의 성공을 깎아내리지 말고 그 이상의 성과를 보이겠다고 결심하면 어떨까?

자신의 능력을 믿는 자기효능감

두려움이 도전을 막는다. 미래에 대한 두려움, 선택에 대한 두려움, 실패에 대한 두려움 등이 우리를 주저하게 한다. 두려움을 없애기 위해서는 도전하는 수밖에 없다.

닭이 먼저냐 달걀이 먼저냐 같은 이야기로 들릴 수 있다. 그러나 어떻게든 먼저 두려움을 깨뜨리는 수밖에 없다. 바위처럼 단단한 두려움에 작은 금이라도 가게 할 수 있다면, 하다못해 스크래치라도 낼 수 있다면 그다음 도전은 그만큼 더 쉬워진다. 아무리 작은 도전이라도 우선 저지르는 것이 중요하다.

자기효능감이 높은 사람은 이러한 작은 도전을 좀 더 쉽게 할 수 있다. 자기효능감이란 자신의 가치와 유일함을 믿는 마음을 뜻한다. 자기효능감의 도움을 받아서 첫 번째 도전을 했다면, 그다음으로는 그러한 도전을 계속해 나가야 한다. 도전을 습관으로 만드는 것이다.

얼마나 많은 사람이 일을 시작하기도 전에 핑계를 대는지 모른다. 도전을 두려워해야 하는 이유와 시작하지 말아야 하는 이유, 성공할 수 없는 이유를 늘어놓으면서 시작하기도 전에 포기하곤 한다.

현대그룹을 일구어낸 고 정주영 회장은 무슨 일이든 할 수 있다는 확신 90%와 자신감 10%를 가지고 임했다고 알려져 있다. 그런 마음가짐 하나로 수많은 일을 이루어냈고, 마침내 오늘날의 현대그룹에 이르렀다.

물론 그분이 살았던 시대는 무모할 정도로 밀어붙여야 일이 되는 시대이긴 했다. 내가 말하고자 하는 핵심은 긍정적이고 적극적인 태도 그 자체가 난관을 극복하고 끝까지 밀고 나갈 에너지를 만들어낸다는 점이다. 그 에너지가 다양한 아이디어와 창의적인 발상을 만들어내고, 반복과 학습을 통해 자신만의 문제해결능력으로 진화한다.

이것이 바로 앞에서 말한 자기효능감이다. 자기효능감을 강조한 사람은 알버트 반두라(Albert Bandura)였다. 그는 성공을 위해서는 자신감뿐만 아니라 자기 능력에 대한 신뢰 혹은 신념이 강하게 필요하다는 뜻에서 자기효능감이라는 단어를 사용하였다. 이제까지 여러 연구를 통해 자기효능감이 높은 학생이 더 높은 목표를 달성하고, 실패를 거듭하더라도 성공할 때까지 지속적으로 도전한다는 사실이 밝혀졌다.

긍정적인 태도로 일과 사람을 대하며, 자신의 능력을 믿고 지속적으로 노력하는 사람만이 진정한 성공을 거둘 수 있음을 꼭 기억하자.

활동성 · 역동적이고
생기발랄함

활동성(Activity)이 좋은 사람은 힘차고 정열적이며 활발하다. 이들은
친교성이 높고 생기가 넘친다. 대체로 외향적이며 주위 변화에 빠르
고 역동적으로 반응한다.

친밀함의 표현

활동성이 높은 사람은 처음 만난 사람에게도 먼저 말을 거는 편이다.
낯선 사람과도 스스럼없이 어울릴 수 있어서 다양한 계층의 사람들
과 쉽게 친해진다. 상대방이 자신에게 도움이 되는지 아닌지는 별로
중요하지 않다. 사람을 만나는 일 자체를 즐기므로 주변 사람들의 얼
굴에서 웃음이 떠나지 않는다. 명랑 쾌활하며 인상도 좋아 대체로 대
인관계가 원만하다.

　열정과 기쁨의 에너지로 사람들을 끌어당긴다. 주위 사람들도 그
들의 빛과 온기를 느끼기 마련이고, 그 결과로 전체 분위기도 훈훈하
고 부드러워진다. 기분이 좋지 않거나 불만이 있던 사람들도 이들과

함께 있으면 마음을 열고 협조적으로 바뀌기도 한다.

활동성 있는 사람은 행동 지향적이다

이들은 한낮의 여유를 느끼며 편안하게 쉬는 데 익숙하지 않다. 이들은 꽉 찬 스케줄을 스스로 대견해하며, 사람들과 부대끼면서 새로운 일을 벌이는 것을 뿌듯해한다. 이들은 걸음이 빠르고 보폭도 크다. 쿵쿵 울리는 발소리마저 크다. 구멍 난 모기장에 청테이프를 붙여 놓기도 하고, 언젠가는 사용할 작정으로 절연테이프나 건전지를 수십 개씩 미리 사놓기도 한다. 이들에게 있어서 사색은 사치이자 낭비다. 항상 뭔가를 하고 있어야 안심이 된다.

　이들은 성격이 급하고 감정에 충실하다. 신중하거나 꼼꼼하지 못하다. 직선적이라서 어색한 상황에서 점잖은 척하는 것을 싫어한다. 사람들과의 관계에서도 말이나 행동이 앞선다. 질질 끄는 것을 싫어해서 일단 저지르고 본다. 뒷수습까지 심각하게 고민하지 않으므로 후회할 짓도 종종 한다. 홈쇼핑의 현란한 화면이나 인터넷 쇼핑몰의 할인문구를 보고 충동구매를 한다거나, 친구들과의 술자리나 저녁식사자리를 마치고 혼자 다 계산해버리기도 한다. 이와 같이 충동적이며 행동이 앞서지만 뒤끝은 없다.

즐거움과 명랑함은 조직의 활력

이들은 유머 감각이 탁월하다. 상황에 맞는 농담으로 분위기를 끌어올릴 줄 안다. 남을 놀리거나 짓궂은 유머로 눈살을 찌푸리게 하지는

활동성이 좋은 사람은 힘차고 정열적이며 활발하다.
생기가 넘치고 주위 변화에 빠르고 역동적으로 반응한다.
대체로 외향적이다.

않는다.

지루한 일상을 생기 있게 만들어주는 유머러스함이 이들의 가장 귀중한 성격자산이다. 아무리 비관적인 상황에서도 낙담하지 않고 명랑하게 대처하며 회복력도 빠르다. 나쁜 기억은 쉽게 잊어버리고 평정심을 되찾는다.

활동성이 지나치면 손해보기 쉽다

정보통이라는 말을 들을 정도로 주위 사람들의 소식이나 정보에 해박하다. 이것이 과하면 수다쟁이로 치부된다. 보통 말이 많은 사람은 진정성이 없고 가볍다고 여기므로 주의해야 한다. 소심한 사람들에게서 건방진 사람이라고 오해받을 수도 있다. 한 가지 일에 오랫동안 집중하지 못한다. 호기심을 바로 행동으로 옮기기 때문에 엉덩이가 깃털처럼 가볍다.

행동편향은 지금 당장 행동하지 않으면 견딜 수 없는 상태를 말한다. 낯설거나 불분명한 상황에서조차 탐색과 조사 없이 즉시 행동에 돌입하는 것이다. 이들은 행동 자체에서 위안을 얻는다. 실패하든 성공하든 일단 뭔가를 하고는 있기 때문이다. 경쟁자축에 끼지도 않는다고 보던 업체가 대대적인 TV광고나 파격적인 할인으로 시장 점유율을 높이는 데 발끈해서 즉시 대응하는 경우가 여기에 해당한다. 광고를 급조해서 마구 뿌리거나 즉흥적인 조직개편을 함으로써 거기에 대응하려는 것이다.

이와 같이 일단 행동하고 보는 성향을 행동편향이라고 한다. 과도

한 행동편향은 떨어지는 칼날을 손으로 잡는 것과 다름없다. 매몰비용의 오류는 행동편향과 정반대이다. 매몰비용, 즉 이미 지불한 비용이 아까워서 기존에 해온 방식을 바꾸지 못하고 비합리적인 의사결정에 얽매이는 것이다. 매몰비용의 오류에 빠지면 새로운 시도를 하거나 혁신할 수 없다. 행동편향과 매몰비용의 오류 모두 합리적인 의사 판단이 아니다. 중용의 도가 필요하다.

활동성 부족으로 생기는 사각지대

외향적 에너지나 친교성이 낮은 사람들은 존재감이 미미하다. 눈에 잘 띄지 않는다. 실수해도 남들에게 묻어가기 쉽고, 다른 사람과 경쟁하거나 싸울 일도 없다.

중·고등학교 때, 1년이나 같은 반에서 지냈는데도 목소리를 들어본 적이 거의 없을 만큼 조용하고 내성적인 친구가 있었을 것이다. 이들은 친교성이 부족해서 주변 사람들과의 네트워킹이 힘들다. 존재감도 약해서 어느 조직에서든 있으나마나한 사람이 되기 십상이다.

활달함 속에 다정다감함을 갖추자

초등학교 동창 중에 유별나게 활동적인 친구가 있었다. 항상 유머와 활기가 넘쳤기 때문에 모두가 그 아이를 좋아했다. 그에 반해 나는 소극적이고 부끄러움도 많이 타서 친구가 많지 않았다.

언젠가 교실 벽에 붙일 호랑이 그림을 그 친구와 함께 그려야 하는 일이 생겼다. 나는 어쩔 줄 몰라 우물쭈물하고 있었는데, 그 친구가 다가와 자기 집에서 함께 숙제하자고 했다. 난생처음으로 친구네 집에 가게 되었다.

숙제를 마치자 친구는 간식거리와 야쿠르트 한 병을 건네주었다. 잠시 후, 내가 마신 빈 병을 물에 헹구더니 분리수거함에 넣어주었다. 나는 집에서 어질러놓기만 하고 치울 줄 몰랐던지라 그 모습이 아직도 영화의 한 장면처럼 또렷하게 남아 있다.

학교에서 돌아오는 길에 내 어깨 뒤로 송충이가 떨어진 적이 있었다. 함께 길을 걷던 친구들은 소리를 지르며 도망가 버렸다. 겁 많던 나는 꼼짝 없이 굳어 있었는데, 마침 가까이 있던 그 친구가 와서 송충이를 툭 쳐서 치워주었다. 수십 년이 지난 지금도 생각날 만큼 고마웠던 기억이다.

나는 손에 땀이 많았다. 시험 때마다 너무 긴장해서 답안지가 흥건히 젖어버릴 정도였다. 친구들과 손을 잡고 뭔가를 할 때도 신경이 많이 쓰였다.어느 날, 이 친구가 내 손을 잡았다. 손을 빼려고 했지만 친구는 괜찮다며 손을 놓지 않았다. 그 이후로도 그의 활달함과 다정다감함을 배우려고 애썼다. 이 친구는 지금도 많은 사람들과 소통하는 직업을 가지고, 성공적인 삶을 이어가고 있다.

자신의 삶에 긍정적이고 생명력이 넘치는 사람이 좋다. 그런 사람은 주변 사람들을 기분 좋게 만들어줄 뿐만 아니라 활력과 의욕이 샘솟게 해준다. 활동성은 소통의 과정을 통해 개발되고 내재화한다. 습관이 들어 무의식적으로 나오는 배려와 활동성이 주위 사람들을 즐겁고 행복하게 만들어준다.

어려서부터 다양한 친구들을 많이 사귀어야 한다. 그래야 여러 가지 성품의 사람들을 직접 겪으면서 균형 잡힌 성품을 갖출 수 있다. 성인이 되어서 직장생활을 할 때도 함께 일하는 사람들과 원만하게 소통하며 지낼 수 있다. 지금이라도 늦지 않았다. 활발하게 움직이면서 사람들을 폭넓게 만나보자. 그들과 적극적으로 부대끼면서 성품의 폭을 넓혀 나가자.

성품의 성숙이
일의 성공을
부른다

3

인간은 선천적으로는 거의 비슷하나 후천적으로
큰 차이가 나게 된다. 공자

자율적인 주관의지, 자주
자기 능력에 대한 확신, 자신감
지도성 · 솔선수범으로 조직을 리드
주도성 · 적극적이고 신속하게 결단하고 행동
스스로 선택하고 결과에 당당해지려는 책임감
몰입성 · 끈기와 열정으로 일을 마무리
우수성 · 높은 수준의 품질 추구

합리적이고 정당한 판단 의지, 분별
생각과 판단이 분명하고 똑똑함, 명석함
기획성 · 장기적인 안목으로 자원을 조직화
판단성 · 합리적이고 논리적인 의사결정
주체적 가치 기준의 확립, 합당함
전문성 · 진보하기 위한 끊임없는 노력
공정성 · 정당함을 지키는 용기

자율적인 주관의지, 자주

자주(自主, Autonomy)는 자신의 가치와 의지에 대한 확신을 바탕으로 뚝심 있게 밀고 나가는 태도를 말한다. 자주적인 사람은 남에게 의지하지 않는다. 자율성과 주체의식을 가지고 자신의 현재와 미래에 적극적으로 주인의식을 발휘한다. 자기 밖의 목소리가 아니라 자기 안에서 들려오는 목소리를 따른다. 자신의 의지와 주체성에 확신이 있기 때문이다.

자주적인 사람은 자유롭고 합리적인 자아를 지니고 있다. 외부에 의해 강제되지 않은 결정을 스스로 내리고 싶어 한다. 자율적인 판단과 행동에 따르는 책임도 기꺼이 감수하려고 한다. 이러한 자주적 기질은 "목표"와 "행동"을 확장축으로 하는 사분면에서 각각 "자신감"과 "책임감"으로 확장된다.

자유의지로 한 행동은 자신이 속한 집단과 주위 환경에 따라 지속적으로 피드백을 받는다. 성품의 토대가 형성되는 시기에는 자율적인 행동에 대한 긍정적인 피드백을 받는 것이 좋다. 자주적인 행동과 주위 환경이 성공적으로 교감할 수 있다는 확신이 강할수록 자존감과 자아 강도도 강해지기 때문이다.

자존감과 자아 강도는 자주성을 구성하는 필수 요소다. 자존감과 자아 강도가 충분한 사람들은 주체적이고 자율적인 판단을 내리고, 그렇게 판단한 대로 실천하려는 의지도 강하다. 남보다 한발 앞서 판단하고 행동함으로써 타인의 귀감이 되며, 자신이 속한 집단에 큰 영향을 미친다. 자신이 스스로 판단하고 행동한 모든 것에 무의식적인 책임감을 지니고 있다.

이들은 불필요한 갈등이나 후회가 적다. 자신이 스스로 결정하고 행동했기 때문이다. 사람은 누구나 마음속에 감추어진 생각이나 소망을 충족하고 싶어 하며, 진정한 자신을 드러내서 인정받고 싶어 한다. 자주의 근거는 자유로우면서도 건전한 이기주의다.

자기 능력에 대한 확신,
자신감

자신감(Self-Confidence)은 자신의 능력에 대한 확신이다. 자신의 행동을 선택하고, 그에 따라 발생하는 결과에 책임을 지며, 어려운 상황 속에서도 자신의 과업을 완수할 수 있다고 확신하는 성질을 말한다. 자신감이 있는 사람들은 자신의 가치에 관해 현실적으로 생각하며, 자신이 주도하는 일은 성공할 것이라는 확신이 있다. 그래서 새로운 사람들과 만나도 당당하고 에너지가 넘친다. 자주성이 있는 사람들은 자신의 결정에 확신을 가지고 바로 행동에 옮긴다. 생각이 재빠르고 동작은 경쾌하다. 밝고 긍정적인 태도로 확장되기도 한다.

이와 반대로 심한 열등감이 있는 사람은 표정이 어둡고 매사 무기력

하다. 우울한 감정으로 말과 행동이 소극적이며, 자기 능력을 제대로 발휘하지 못한다. 이런 사람들은 대체로 자신에게 지나치게 엄격하다. 스스로 완벽하게 준비되어 있다고 생각하지 않는 상태에서 뭔가를 하고 싶지 않은 것이다. 타인의 시선을 지나치게 신경 쓰는 사람도 무기력해지기 쉽다.

보통 명랑하고 긍정적이며 의욕적인 아이들이 리더로 성장한다. 겸손하고 소극적인 아이들은 남의 눈을 의식하기 때문이다. 아동기에는 겸손이라는 덕목이 어울리지 않는다.

스스로 생각하지 않고 다른 사람에게 결정을 맡기는 사람은 어리석고 무기력한 인생을 살 위험이 크다. 자신감은 곧 자유이며, 자신의 소망과 욕구에 따라 결정하고 자신의 삶에 주도권을 가진다는 것을 의미한다. 자신이 가진 장점도 적극적으로 활용해야만 제대로 인정받을 수 있다. 소극적인 사람들은 자기 능력을 제대로 발휘하지 못한다. 이러한 관점에서 볼 때, 지나친 겸손은 자아 강도를 약화하고 능력 발휘를 막는 재앙이다.

물론 자만이 낫다는 것은 아니다. 자신의 감정과 자아를 표현하고 싶은 욕구를 억누르지 말고 솔직하게 드러내라는 뜻이다. 우리도 언젠가는 누군가에게 선망의 대상이 될 수 있다. 충분한 자긍심을 가지고 일과 사람을 균형 있게 리딩(Leading)해 나가자.

지도성 · 솔선수범으로
조직을 리드

리더십, 즉 지도성(Leadership)이 있는 사람은 조직 구성원에 대한 통제력을 가지고 자신이 원하는 방향으로 리드한다. 조직 구성원이나 프로젝트 참여자에게 몰입감과 소속감, 동질감과 만족감을 제공한다. 공동의 목표를 달성하기 위해 구성원에게 동기를 부여하고 자발적인 행동을 촉진한다. 시야가 넓어서 주어진 자원을 효과적으로 활용한다.

솔선수범이 지도력을 부른다

이들은 솔선수범하며, 팀을 조화롭게 이끈다. 다른 사람들을 격려하고 사기를 북돋아 줌으로써 주어진 목표를 성공적으로 달성하도록 돕는다. 독단적으로 결정하기보다는 적절히 권한을 위임함으로써 구성원의 참여를 촉진한다. 선택과 집중으로 조직이 나아가야 할 방향을 정한다. 위험은 피하고 모험은 감수한다. 목표에 성공적으로 도달하기 위해 자원을 효과적으로 배분할 줄 안다.

동료나 부하에게 열정과 긍정의 에너지를 지속적으로 나누어준다. 성공을 향한 열망을 일깨워 동기를 부여하고 사기를 높여준다. 부하들이 각자의 능력을 마음껏 발휘할 여건을 조성해준다. 꿈과 비전을 구성원들과 공유하고 각자의 기여도에 따라 합당하고 정당한 보상을 해준다.

지도성이 있으면 조직은 엄숙하고 대범해진다

지도성이 큰 사람은 바다처럼 평온하고 고요하다. 쉽게 흔들리지 않고 일희일비(一喜一悲)하지 않는다. 언행이 가볍지 않다. 평정심과 온화함을 갖춰 웬만해서는 긴장하거나 당황하지 않는다. 속으로는 그러하더라도 겉으로 내색하지 않는다. 몸가짐이 엄숙하고 행동이 대범하다. 입이 무겁고 자신의 말에 기꺼이 책임을 진다.

정약용의 목민심서에서도 백성을 다스리는 목민관에게 가장 중요한 덕목은 바른 몸가짐과 위엄 있는 말과 행동이라고 하였다. 정약용은 많이 말하지 말고, 갑자기 성내지도 말고, 윗사람으로서의 진중함과 절도를 갖추고 장중한 태도로 백성을 대해야 한다고 주장하였다. 지도성은 이러한 장중함과 근엄함에서 시작된다. 이것이 바로 카리스마이다.

선한 영향력이 발휘되는 순간

지도성을 갖춘 사람들은 편안한 마음으로 주위 사람들을 주도하고 그들의 행동에 지속적으로 영향력을 발휘한다. 적절한 농담으로 주위 분위기를 밝게 만든다. 주위 사람들에게 어려운 일이 생겼을 때 주도적으로 나서서 해결해 줌으로써 자신의 통제력을 유지한다.

이들은 칭찬을 받는 순간 본능적으로 숨은 의도를 파악하려고 한다. 남들의 칭찬을 그대로 받아들이지 못하고 자신이나 자신의 그룹에 영향을 미치는 행위가 아닌지 일단 의심부터 한다.

지도성이 높은 사람들은 자신의 능력보다 영향력을 칭찬받고 싶어 한다. 예를 들면 "당신은 리더로서 참 훌륭하군요"와 같이 자신을 직접 칭찬하는 것은 별로 좋아하지 않는다. 그보다는 "당신의 팀은 분위기가 참 좋군요" "팀원들 표정이 항상 밝아서 좋아요"와 같이 조직 자체를 칭찬하는 게 더 좋다. 자신이 리더로서 그 조직에 행사해 온 영향력이 정당할 뿐만 아니라 좋은 결과를 내고 있음을 인정받는다고 여기기 때문이다.

겸손함에 위엄이 깃든다

자신을 드러내고 높이는 사람들은 대부분 공이 없고 덕이 없다. 사람들은 자기 자랑을 일삼는 자들을 본능적으로 싫어하고 배척한다.

훌륭한 지도성이 있는 사람은 자신을 낮출 줄 안다. 꼭 필요한 말만 하고 허언이 없다. 모든 것을 자신이 계획하고 조정하고 통제하려고 하지 않는다. 주위 사람들이 자발적으로 자신을 따르게 하고 싶어 한다. 수직적인 위계질서 속에 있는 사람이든 수평적인 관계를 맺고 있는 사람이든 마찬가지다.

사람들이 리더인 자신에게 의존하게 하기보다는, 자주성을 유지한

지도성이 있는 사람은 조직 구성원에 대한
통제력을 가지고 자신이 원하는 방향으로 리드한다.
공동의 목표를 달성하기 위해 구성원에게
동기를 부여하고 자발적인 행동을 촉진한다.

채로 대등하게 교감하고 싶어 한다. 그래서 강압적인 태도보다는 친밀감 있는 통솔력을 선호한다. 앞에서 살펴본 것처럼 리더에게 덕이 있어도 위엄이 없다면 조직이 유지될 수 없다. 단지 위엄 있는 태도를 보인다고 해서 저절로 위엄이 생겨나진 않는다. 윗사람으로서의 진중함과 절도, 장중함을 갖추고 공명정대하게 처신할 때 자연스럽게 갖추어진다.

가부장적 사고에 갇히고 멘토 놀이에 빠진다

지도성이 지나친 사람들은 주위 사람들이 자신에게 의존하기를 바란다. 무슨 일이든 자신이 주도하고, 의사결정을 해야 한다. 다른 사람들은 자신의 수고스러움에 고마움을 표시해야 한다고 믿는다. 그리고 이러한 관계가 지속되는 데서 안정감을 느낀다.

심리적으로 경직되어 있어서 자신의 권위에 부정적인 피드백은 애써 무시하고 변화를 거부한다. 독단적인 결정으로 비난을 받으면 기꺼이 책임지지만 현실을 받아들이지는 않는다. 자신이 훌륭한 지도자라고 믿기 때문에 이러한 상황은 시간이 지날수록 더욱 심해진다.

멘토는 조언자나 후견인을 말한다. 어려움을 겪는 후배들에게 지혜를 나누어주고 해결책을 함께 고민한다. 멘토는 지나친 욕심을 부려서는 안 된다. 조직을 철저하게 관리하고, 모든 상황을 통제하겠다는 생각은 위험하다. 후배나 부하직원을 휘어잡으려다가 그들의 성장을 방해하고 업무만족도를 떨어뜨리는 경우는 너무나도 흔하다.

조언해준다는 명목으로 부하직원을 지나치게 압박하는 상사도 많다. 이들은 아랫사람들에게 불가능한 기대를 하고 있기 때문에 부하직원의 작업이나 성과에 실망할 수밖에 없다. 이런 현상이 지속되면 결국 불편한 사이가 된다.

지도성 부족으로 '측근'의 전횡과 책임 회피

어느 회사에서나 입안의 혀처럼 굴며 아첨을 일삼고 잘못된 길로 이끄는 소위 '측근'을 조심해야 한다. 이들은 리더의 눈과 귀를 가려 구성원들의 의견과 불만을 못 듣게 하고 자신의 사욕을 채우는 데에만 골몰한다. 이런 자들의 특징은 나중에 일이 잘못되었을 때 오히려 리더를 비난하는 데 앞장선다는 점이다. 이런 간신배들은 대개 그 회사가 아니면 오갈 데가 없다. 소위 "회사형 인간" 중에 이런 유형이 많다.

리더가 업무와 사람을 동시에 꿰차고 있지 않으면, 구성원에 대한 통제력을 잃게 되고, 간신배에게 둘러싸이는 사태가 생기게 마련이다.

지도성은 리더에게만 필요한 역량이 아니다. 동료 또는 친구들 사이에도 균형 있는 지도성이 반드시 필요하다. 지도성이 현저하게 부족한 사람은 일을 분배할 줄 모르며, 직책이나 책임을 맡기를 두려워한다.

지도성이 낮은 사람이 순응성도 갖추지 못하면 조직의 일에 무관심해지기 쉽다. 결국 어떻게든 적당히 묻어가려고만 하는 무임승차자가 될 위험이 크다. 이런 사람들이 연공서열로 리더가 되면 큰 혼란이 야기된다. 이런 조직에서는 아무도 적극적으로 일하려 하지 않으며, 갈등과 비난만 난무하게 된다.

상사의 성공에 기여하고 부하의 성장을 돕는 데 전념하자

지금까지 여러 회사에서 인사 책임자로 근무하면서 수많은 면담을 진행해왔다. 그중 상당수의 면담이 상사나 부서장에 대한 불만이었다.

회사가 대대적으로 조직을 통폐합하던 때였다. 새로 만들어진 부서의 장과 팀원들 사이에 심각한 갈등이 생겼다. 부서장이 부하직원들에게 소리를 치고 윽박지르는 지경에 이르자, 참다못한 직원들이 내게 면담을 신청했다. 그 부서장은 조직개편 전까지만 해도 능력을 인정받던 실무형 리더였는데, 왜 이런 일이 벌어졌을까?

여러 차례의 면담과 조사를 해보니 부서장의 지도성에 원인이 있었다. 여러 개의 조직을 합쳐서 큰 부서로 만들다 보니 한 명의 부서장이 잘 모르는 부분과 커버할 수 없는 부분이 생겨나는 것은 당연한데, 이를 적절히 위임하고 동기 부여하지 못했다.

그는 조직개편 이후 첫 번째 통합부서장으로서 성과를 보여줘야한다는 압박에 시달렸다. 그래서 자기도 모르게 조급해하면서 부하직원들을 재촉하고 있었다. 실무적으로 잘 모르는 부분에서도 부하직원들에게 맡기기보다는 자신만의 틀에 맞춰서 판단하려고 들었다. 조직을 장악하려면 그래야만 한다고 믿었다. 리더라고 해서 모든 것을 다 알 수는 없는데 말이다.

팀원들은 부서장의 눈치를 살피며 소극적으로 일할 수밖에 없었다. 석연치 않은 의사결정과 투명하지 못한 업무처리가 일상화되었다. 생산성과 성과가 높을 리 없었다. 팀원들이 자신의 전문지식과 경험을 팀장과 공유하지 못하는 팀의 성과가 좋으면 오히려 이상하다.

중요한 성과보고 회의에서 해당 팀의 문제를 지적받자 그 부서장은 자기 팀에 있는 직원들을 비난하고, 다른 부서장이나 임원들에게도 자신의 정당성을 주장하며 팀원들을 욕하기 시작했다. 이 사실은 팀의 모든 직원에게 전해졌고, 결국 그 팀은 풍비박산 나고 말았다.

지도성이 없으면 핑계만 댄다

다음은 또 다른 형태의 중간리더의 이야기이다. 회사에는 적지 않은 권한과 책임이 있는 중간리더 중에도 자신의 지시에 책임지는 태도를 보이지 않는 사람들이 있다. 윗선의 지시 때문에 어쩔 수 없이 이런 지시를 내린다며 책임을 회피한다.

예를 들어 연장 근무나 회사의 공적인 행사 참여와 같이 달갑지 않은 지시를 할 때, 상부에서 내려온 것이라 자신도 어쩔 수 없다면서 핑계를 대는 상사가 적지 않다. 자신도 불만을 품고 있지만 위에서 내려온 지시라서 어쩔 수 없다고 말한다. 이런 리더를 누가 믿고 따르겠는가?

이것은 망해가는 기업에서 전형적으로 보이는 조직문화이다. 사소한 일조차 윗선이나 팀원들에게 책임을 전가하려는 태도이기 때문이다. 이런 리더는 정직하지 못하고 배짱도 없을 뿐만 아니라 인기를 유지하고 싶어 비겁하게 구는 궁색한 중간관리자라고 말할 수밖에 없다. 그런 상황일수록 자신감을 갖고 앞장서서 대처해야 한다. 그런 지도력이 있는 리더라면 팀원들이 믿고 따른다.

자신의 패를 숨길 필요도 없고 잔머리를 굴릴 필요도 없다. 어떤 상황에서든 솔직하게 대처하는 것이 최선이다. 입버릇처럼 남 탓하거나 투덜거리지 않아도 저절로 지도력이 생겨난다. 조직에서 살아남는 것이 최고의 선이자 목표가 되어버린 사람이야말로 조직에서 가장 불쌍한 사람이다.

당신이 없는 날이 무두데이가 된다면

지도성에 대한 재미있는 예가 있다. "무두데이"가 그것이다. 무두데이란 없을 무(無)와 머리 두(頭)자로 이루어진 말인데, 상사가 휴가를 떠난 기간은 일종의 휴가라는 뜻이다. 만약 당신이 휴가를 떠난 동안에 팀원이 '무두데이'라며 기뻐한다면 스스로가 어떤 리더인지 심각하게 고민해볼 필요가 있다.

직장상사는 아무리 친해도, 아무리 친절하게 조언을 해주더라도 막연하게 불편할 수밖에 없다. 함께 식사하고, 수다를 떨고, 최신 가십거리나 직장 내 소문을 카톡으로 공유할 만큼 흉허물 없는 동료는 아니다. 직장상사가 없을 때 더 마음 편한 것은 당연하다.

직장 내의 모든 상하관계는 근본적으로 불편한 관계이다. 누구나 같이 일하고 싶은 상사라는 소리를 듣고 싶어 하고 듬직한 부하라는 칭찬을 듣고 싶어 한다. 하지만 직장 내 상하관계 속에서 다 함께 행복하게 일하려면 근본적인 제약이 있다는 사실을 인정해야 한다.

서로에게 덜 바라고 더 주려는 자세를 가져야 한다. 상사의 성공에 기여하고 부하의 성장을 돕기 위해 자신이 할 수 있는 모든 것을 해줘야 한다. 진정한 지도성의 결과는 상부상조와 상생협력이다. 지도성을 높임으로써 상사, 부하와 좋은 관계를 맺고, 일에서도 좋은 성과를 얻도록 노력해보면 어떨까?

주도성 · 적극적이고 신속하게
결단하고 행동

특정한 상황이나 과업을 능동적이고 적극적으로 이끌어가려는 성품이다. 주도성(Initiative)이 있는 사람들은 주인의식과 같은 자율적인 성향이 강하다. 신속한 의사결정이 필요할 때 망설이지 않고 과감하게 결단을 내릴 줄 안다.

적극적인 자율성을 부른다

이들은 적극적으로 일한다. 시간을 허투루 낭비하거나 남의 눈치를 보며 지체하지 않는다. 무슨 일에든 적극적으로 도전하며, 항상 고민하고 준비하므로 기회가 주어지는 순간 두각을 발휘한다. 반짝반짝 빛나는 재주나 언변이 부족하더라도 적극성과 자율성으로 커버한다. 무턱대고 달려드는 게 아니라 나름의 규범과 원칙을 만들어 실천한다.

적극적인 업무 태도와 열정이 업무 성과와 지식을 더욱 빛나게 해준다. 항상 자신감에 차있으며 망설임 없이 자신을 드러낸다. 무슨 일이든 잘 할 수 있다는 포부를 품어 기회를 잘 포착한다. 일단 기회가 생기면 모든 열정을 쏟아부어 목표를 달성한다. 상사와 동료, 부하들도 기꺼이 이들을 도와준다. 그 때문에 이들은 남들보다 성공에 더 가까이 있다.

주도성의 밑거름은 과거의 성공경험

일반적으로 주도성은 경험에서 생겨난다. 당면한 문제의 해결책을 알고 있거나, 과거에 조직이 어떻게 대처하고 해결했는지 알면 주도적으로 움직일 수 있다. 아이디어나 직관을 가진 것만으로는 주도적으로 나서기가 쉽지 않다. 지도도 없이 가보지 않은 길을 쉽게 앞장서기는 힘들다.

말단 병사나 척후병이라면 여기저기 다니면서 시행착오를 겪을 수 있다. 그러나 조직을 이끌어야 하는 리더는 다르다. 과거의 성공경험과 정확한 지식이 있어야만 강력한 주도성이 생긴다. 그래야만 두려움 없이 당당하게 리더십을 발휘할 수 있다.

자기주관이 뚜렷한 사람

주도적인 사람은 어린 시절부터 자신의 주관이나 신념이 뚜렷하다. 사회적 통념이나 관습에 얽매이지 않고 타인의 판단이나 시선에 휘둘리지 않는다. 자신만의 독창적인 생각을 즐기며 스스로 판단하기를 좋아한다. 이러한 성향이 주도적인 생각과 행동의 바탕이 된다.

이들은 평소에 준비한 것을 즉시에 행동으로 옮기는 데 능하다. 아무 준비가 되어 있지 않은 상태에서도 계획과 실행을 멈추지 않는다.

바른 성품

주도성은 특정한 상황이나 과업을
능동적이고 적극적으로 이끌어가려는 성품이다.
주도성이 강한 사람은 자율적인 성향으로 신속한 의사결정이
필요할 때 망설임 없이 과감하게 결단을 내린다.

주도성을 바르게 발휘하는 자는 계획지향성과 통솔력이 뛰어날 수밖에 없다. 머리도 좋기 때문에 자신이 주도하는 일을 곧잘 성공시키곤 한다. 좌고우면하거나 우왕좌왕하지 않고 과감하게 실천한다. 그러면서도 차분함과 여유로움을 잃지 않는다.

주도성이 지나치면 자만심이 된다

자만심에 근거한 주도성은 위험하다. 모든 것을 혼자서 판단하고 정리한 뒤, 다른 사람에게는 '이대로만 해주시면 됩니다'라고 통보하는 꼴이 되기 십상이기 때문이다. 이러한 행동은 잘난 척한다고 오해받기 쉽다.

이런 사람들은 주어진 정보가 제한적이고 부족한데도 자신만의 생각에 사로잡혀 성급하게 일을 추진하기도 한다. 주위 사람들에게 등을 떠밀려서 앞장서기도 하는데 그러다 보면 여러 가지 대안과 절차를 충분히 고려하지 않고 성급하고 자의적인 결정을 내릴 수도 있다. 과도한 도전성과 주도성으로 충동적인 선택을 하는 것이다.

지나친 주도성에 따라오는 후회

주도성이 너무 강한 사람은 사소한 어색함과 불편함조차 자기 탓으로 여기기도 한다. 즐겁게 이어지던 대화가 잠시 중단되거나, 식사시간에 각자의 핸드폰을 잠시 쳐다보기만 해도 불편함을 느낀다. 자신이 분위기를 좋게 이끌어야 한다는 강박관념을 느끼는 것이다. 쓸데없이 자책하는 습관이 정신건강에 좋을 리 없다.

때론 기다릴 줄도 알아 한다. 지나친 것은 부족한 것만 못하다. 지나친 적극성이 주위 사람들을 피곤하게 만들 수 있음을 알아야 한다. 또한 지나친 주도성 때문에 자기도 모르는 사이에 여기저기에서 일을 떠맡지 않도록 조심하자. 이런 경우엔 정신적인 스트레스와 육체적인 스트레스를 동시에 받는다.

특히 성품의 균형이 조화롭게 형성되지 못했을 때 더 큰 문제가 될 수 있다. 예를 들어 완결성과 공감성은 부족한데 주도성만 강하다면 정해진 목표를 달성하지 못하고 중도에 포기하거나 흐지부지되기 쉽다.

주도성이 부족하면 스스로 낙인 찍는다

회의나 중요한 미팅 자리에서 자신의 관심사가 아니라서, 일을 더 맡고 싶지 않아서 고개를 숙이고 눈빛을 피하는 사람들이 많다. 이런 사람들은 앞으로도 중요한 일에 중용되지 않고 소소한 일만 해야 할 가능성이 높다. 그런 작은 동작 하나가 그들의 자질과 역량을 보여주기 때문이다.

자아 강도가 떨어지거나 자기 확신이 부족한 사람들은 스스로 낙인을 찍지 않도록 조심해야 한다. "나는 원래 부끄러움이 많아" "나는 원래 남들 앞에 나서는 것을 싫어해"와 같은 말은 그런 성향을 더욱 강화할 뿐이다. 자신에 대한 고정관념을 만들고 그 안에 갇혀서 답답해하는 꼴이다. 앞으로도 계속 그렇게 살겠다는 일종의 자기 선언인 셈이므로 각별히 조심해야 한다. 사람의 말에는 힘이 있다.

이들은 매사에 수동적이며 처음부터 끝까지 관망하는 자세를 취한다. 눈앞에 닥친 문제조차 적극적으로 해결하지 않고 남의 눈치만 본다. 당연히 책임도 지려하지 않는다. 설사 좋은 기회가 와도 제대로 붙잡지 못한다. 때문에 자신의 분야에서 성공해본 경험이 거의 없다.

우유부단하다면 차라리 대세를 따르라

선택 장애 또는 결정 장애라는 말이 있다. 선택의 갈림길에서 이러지도 저러지도 못하는 상태를 뜻한다. 너무 오랫동안 심사숙고하거나 망설이다가 끝내 선택을 못하는 사람들에게 "결정 장애가 있다"라고 말하기도 한다.

이와 같이 극단적일 정도로 결단성이 부족한 사람들은 의사결정권이나 주도권을 잃기 쉽다. 우물쭈물하는 사이에 다른 사람이 대신 결정해버리거나 환경의 변화 또는 운의 흐름에 따라 저절로 결정되기도 한다.

이런 사람들은 차라리 주위 사람들의 판단이나 대세를 따르는 게 좋다. 예를 들어 식당에서 메뉴를 고를 때, 어차피 한참 고민하다가 이러지도 저러지도 못할 바에야 남들이 고를 때 '나도'라고 외치면서 따라가라는 뜻이다. 그러면 우유부단해 보이지도 않고, 고민하는 시간도 아낄 수 있지 않겠는가?

적극적으로 나서되 매사에 겸손하자

기업의 업무는 대체로 역할과 담당과 책임이 정해져 있다. 회사 차원에서 새로운 과제가 생겼을 때 가장 먼저 고민할 부분은 이 일을 어느 부서에 할당하고, 어느 직원에게 담당하게 하는가이다.

이것은 대규모 프로젝트뿐만 아니라 소소하고 일상적인 일을 진행할 때도 필요하다. 회사의 창립기념식을 준비하기 위해 차출 받은 각 부서의 직원들에게 할 일을 정해주거나, 회사 워크숍을 준비하기 위해 직원들에게 역할을 정해줄 때도 적절한 역할의 배정과 할당이 필요하다.

신기하게도 다들 꺼리는 역할을 지정할 때가 되면 모두가 침묵에 빠져든다. "이 일을 맡게 되면 골치만 아파지고, 잘해봤자 본전, 못하면 욕만 먹을 거야"라는 생각 때문이다. 거의 그렇게 생각하므로 자율적으로 참여하는 사람은 극히 드물고, 대부분이 고개를 숙이고 눈치만 본다.

직원들의 진짜 성품이 드러나는 때가 바로 이때다. 인사팀장으로 재직하던 당시 두 명의 직원이 인사부서로 차출되었다. 이들을 편의상 김대리와 박대리라고 하자.

김대리는 자신의 부서에서 일을 잘하기로 소문난 직원이어서 다른 누구보다 많은 일이 맡겨진 상태였다. 그러나 그는 전혀 상관없는 일에도 주도적으로 의견을 개진하고 협조와 참여를 아끼지 않았다. 인사부에 차출되어서도 마찬가지였다.

박대리는 똑똑하기는 하지만 업무태도가 좋지 않았다. 부서장이 매번 인사면담을 요청할 정도였는데, 인사부에 와서도 자신의 스마트폰만 만지작거리고 있었다. 차출된 것에 대한 불만의 표시인 듯했다. 시간이 지날수록 김대리는 더 중요한 일들을 맡았고 박대리에게는 작고 하찮은 일만 주어졌다. 회사 행사를 준비하기 위한 일상적인 차출이었지만 결과적으로 어떤 사람이 성공하는지 보여준 셈이다.

성공과 실패는 이렇게 작고 일상적인 것들이 쌓여서 만들어진다. 게다가 지금은 평판도 재산이 되는 시대다. 김대리와 박대리 중에서 평판이라는 자산이 있는 사람은 과연 어느 쪽이겠는가.

겸손이라는 측면에서 주도성을 살펴보자. 거리낌 없이 자신을 드러내며 좌충우돌 도전하는 유아기와 청소년기의 아이들에게 겸손한 자세와 태도를 강조해야 할까? 겸손은 자신을 낮추고 주도권을 상대에게 내어주는 것이 아니던가?

내 대답은 "그렇다"이다. 겸손은 주도권의 반대말이 아니기 때문이다. 내 것을 다 내어주는 것도 아니다. 겸손은 자신을 낮추는 것이 아니라 상대와 동등한 위치에서 주도한다는 뜻이다.

그러므로 부모는 아이에게 겸손함을 알려주어야 한다. 겸손하지 못한 아이가 주도성을 발휘하려고만 한다면 다른 아이들이 받아들일 리 없다. 더 나아가 시기의 대상이 되거나 친구를 사귀지 못할 수도 있다.

겸손하지 못한 어른은 아무리 실력을 갖추고 있더라도 성공하기 어렵다. 설사 성공한다고 하더라도 머지않아 내려오게 되어 있다. 사람은 자신보다 잘난 자가 고개를 뻣뻣이 들고 있으면 자기도 모르게 그 자리에서 끌어내리고 싶어 한다. 자신보다 우위에 있는 자가 겸손한 태도와 배려를 보여준다면, 그 사람의 성공과 성취를 칭찬하고 인정해주는 경우가 많다.

　겸손한 주도성을 갖출 사람만이 자신과 직업과 인생에서 성공할 수 있고, 그 성공을 오랫동안 유지할 수 있다.

스스로 선택하고 결과에
당당해지려는 책임감

책임감이 강한 사람은 자신이 정한 목표와 가치에 부합하는 사람이
되기 위해 노력한다. 자주성을 지니고 자신만의 기준에 따라 결정을
내린다. 자신이 달성해야 할 목표에 대한 관점과 기준이 뚜렷하다. 남
에게 의지하지 않는다.

사람에게 의지가 없으면 아무것도 선택하지 못하는 무능함과 아무것
도 포기하지 못하는 우유부단함에 빠진다. 자신의 삶이 나아갈 방향
조차 선택하지 못하게 된다. 이런 사람들은 자신의 인생에서 일어나
는 일들을 온전히 자신의 것처럼 느끼지 못한다. 스스로 선택하지 않
았기 때문이다.

이것은 자신의 인생에 대한 책임감 부족이다. 책임감이 있는 사람은
모든 일을 자기 의지로 선택하며, 그 결과에 당당할 수 있도록 열정과
확신을 가지고 노력한다. 책임감이 있는 사람, 즉 자신의 인생을 홀로
짊어지고 갈 각오가 된 사람만이 자유로운 인생을 살아갈 수 있다.

16세기 영국에서는 왕자 대신에 매를 맞는 소년(whipping-boy)이 있

바른 성품

자주(Autonomy) → expand ── 책임감(Responsibility) → intensify ── 몰입성(Engagement)
성품형성기   기초자질   우수성(Excellence)
                                                              기본역량

었다. 희생양을 만들어서 책임을 전가하였던 것이다. 우리는 선거철마다 공약을 남발하는 정치인을 보고, 책임을 회피하기 위해 능청부리고 발뺌하는 회사 동료를 보기도 했다. 이제는 대신해서 매를 맞아줄 사람도 없고, 공수표에 현혹되는 무지한 군중도 없다.

책임감 있는 자는 말을 쉽게 내뱉지 않는다. 공수표를 함부로 던지지도 않는다. 마감기한도 쉽게 정하지 않고 고민을 거듭한다. 결과에 대한 책임을 기꺼이 떠맡는다. 매사에 집중하고 몰입한다. 결과의 달성뿐만 아니라 최선을 다했는지도 중요하게 생각한다.

책임은 말로 지는 것이 아니다. 일을 시작하기도 전에 말이 많은 사람은 책임을 지지 않으려는 것과 마찬가지다. 책임은 계획만으로 되는 것도 아니다. 행동과 결과로 보여주어야 한다.

몰입성·끈기와 열정으로
일을 마무리

몰입성(Engagement)은 생각이나 문제에 깊이 파고드는 기질이다. 몰입하는 사람은 대상에 대한 깊은 관심과 애착을 가진다. 소기의 목적을 달성하고 원하는 결과를 얻기 위해 쉽게 단념하지 않는다. 끈질기게 견디고 계속하여 결국 끝을 본다. 거대한 장애물을 만나더라도 인내심을 가지고 목표를 완수하는 지구력과 뚝심이 있다.

열정을 지속시키는 땔감

몰입성이 있는 이들은 목적을 달성하기 위해 자신이 가진 자원을 총동원한다. 중요하다고 생각하는 일은 대충 하는 법이 없다. 스스로 정한 높은 수준의 목표를 만족하기 전까지는 시간과 자원의 투입을 줄이지도 않는다.

　몰입의 핵심은 지속시간이다. 잠깐의 몰입은 누구나 가능하다. 자전거를 탈 때, 스케이트를 배울 때, 운전할 때 순간적인 몰입이 자주 발생한다. 모든 감각과 생각, 행동이 순간적으로 통합되고 집중되는 것이다.

이러한 순간적인 각성과 집중을 꾸준히 지속하는 것이 바로 몰입이다. 몰입을 유지하려고 인내심을 가지고 혼신의 노력을 기울이는 과정 자체도 몰입이라고 할 수 있다.

몰입성이 있는 사람은 자기 일을 즐기기 때문에 주위 사람들로부터 칭찬을 받지 않을 수가 없다. 그들의 열정과 에너지는 조직의 방향을 설정하고 조직 구성원들에게 동기를 부여하기 위한 밑바탕이 된다.

자기절제와 인내로 건강한 몰입

돌도 십 년을 보고 있으면 구멍이 뚫린다고 했다. 끈기 있게 노력하면 안 될 것이 없다는 뜻이다. 목표를 이루기 위해서는 노력뿐만 아니라 꾸준한 자기절제가 있어야 하고 인내심을 가져야 한다. 고시 합격 같은 거창한 목표뿐만 아니라 술·담배를 줄이거나 토익점수를 높이는 것처럼 작은 목표에도 절제와 인내가 필수적이다.

누구보다도 열심히 노력했는데도 결국엔 중도에 포기하는 사람들이 많다. 어느 분야든 마찬가지다. 인내라는 말의 참뜻은 참을 수 없는 것을 참는다는 데 있다. 견딜 수 없는 것을 견디고 참을 수 없는 것을 참는 사람만이 목표를 달성하고 꿈을 이룰 수 있다.

몰입의 현장은 바로 지금, 현재

몰입성이 강한 사람들은 종종 깊은 생각에 잠긴다. 몽상가나 이상주

몰입성은 생각이나 문제에 깊이 파고드는 기질이다.
몰입하는 사람은 대상에 깊은 관심과 애착을 가진다.
원하는 결과를 얻기 위해 쉽게 단념하지 않고
끈질기게 견디고 계속하여 끝을 본다.

의자는 아니다. 과거의 기억에 잠긴 것도 아니고 먼 미래에 대한 희망과 상상에 빠진 것도 아니다. 현재 벌어진 문제를 해결하려고 생각을 집중하고 있다. 이들은 시간을 낭비하지 않고 현재에 집중해서 빠르게 일을 끝내고 싶어 한다. 가슴을 두근거리게 해줄 다음 일에 착수하기 위해서이다.

몰입이 지나치면 스트레스 받고 고집불통이 된다

한 가지 일에 "꽂히면" 반드시 해내고야 만다. 몰입의 긍정적인 측면이다. 과몰입은 조심해야 한다. 정신적·육체적 에너지가 소진되어 건강을 해치며, 주위 사람들이 그의 추진력과 속도감에 부담을 느낄 수 있다.

특히 공감성이나 협동성이 부족한 사람이 몰입도만 높으면 공동체나 직장에서 소외될 위험이 크다. 똑똑하고 일을 잘하는 사람도 주변의 속도와 보조를 맞출 필요가 있다. 몰입성이 너무 강해서 스트레스 상황에서조차 무의식적으로 자신을 몰아붙이기도 한다.

몰입은 생산성을 높여주지만 주위 동료들과 보조를 맞추지 않으면 안 된다. 혼자만의 몰입은 조직 전체의 생산성을 떨어뜨릴 수 있다. 주위 사람들을 설득하거나 조직의 지원을 끌어내는 작업을 불필요하다고 여기지 말자. 때로는 걸음을 멈추고 차분하고 객관적인 시각으로 "숲"을 바라볼 필요가 있다.

고집불통이거나 의욕부진이거나

한 가지 일에 끈기 있게 매달리는 사람이 성공한다는 말이 있다. 한국 사회에서는 끈기라는 용어가 대부분 좋은 의미로 사용된다. 회사에서는 여러 가지 어려운 상황에서도 주어진 일을 뚝심 있게 해내는 직원을 좋아한다. 웬만한 어려움에는 낙담하지 않으며, 목표를 완수할 때까지 절대로 포기하지 않고 밀고 나가기 때문이다.

하지만 과하면 똥고집을 부리는 것으로 인식될 수 있다. 모든 일의 끝은 다음 일의 시작이라는 말이 있다. 일의 시작과 끝을 자신이 직접 컨트롤해야만 직성이 풀리는 외골수적인 마인드를 버려야 한다. 그런다고 해서 완벽주의자로 봐주지도 않으며, 자신의 가치와 평판이 높아지지도 않는다. 자신과 주위 사람들에게 스트레스와 민폐를 끼치는 행동일 뿐이다. 이런 사람들을 우리는 고집불통이라고 부른다.

몰입성이 낮은 사람은 한 가지 일에 집중하지 못한다. 일에 대한 관심과 애착은 있지만 자신의 열정과 에너지를 마음껏 쏟아 붓지 못한다. 자신이 속한 조직이나 공동체에도 관심도와 지지도가 떨어지기 때문에 성취와 성공의 경험이 부족하다. 이런 사람이 건강까지 좋지 않아 쉽게 피로를 느낀다면 직장에서 환영받지 못할 위험이 크다. 어느 조직이든 열정과 자발성이 있는 사람을 선호한다.

서로의 열정이 발휘되기를 기다리자

시작은 좋은데 마무리가 흐지부지한 사람, 여러 가지 아이디어는 많은데도 시작하지 못하는 사람, 어려움이 발생하면 쉽게 포기해버리거나 남에게 떠넘기는 사람들을 직장에서 드물지 않게 볼 수 있다. 그들은 몰입성이 부족한 사람들이다.

몰입성이 부족한 사람들은 목표를 달성하면 어떤 모습일지, 얼마나 좋을지에 관심이 없다. 문제가 생기면 으레 낙담하고 회피했기에 무의식적으로 자신이 실패할 거라고 생각한다. 참여자가 아니라 방관자적인 태도로 일하므로 과업의 성공과 본인의 성공을 별개로 여긴다. 그래서 자신만의 성공사례가 별로 없으며, 일에 대한 주도성과 책임감이 떨어질 수밖에 없다.

내가 모신 상사의 가르침 중에서 첫 번째는 "진심을 다해 기다려 주는 것"이었다. 이것이 곧 신뢰이다. 어떤 인재가 숲을 보는 사람인지 나무를 보는 사람인지, 어떠한 능력과 장단점이 있는 사람인지를 성급하게 판단하지 말고 일단 신뢰하고 기다려주는 것이다. 진솔하고 성실한 인재는 잘 따라올 것이고, 실패자나 이기적인 천재는 조직을 떠나 자신만의 길을 갈 것이다. 어느 쪽이든 일단은 기다려줘야 한다. 그래야 몰입할 수 있고, 몰입을 해야 성과를 만들어낼 수 있다. 기다림은 몰입을 가능하게 한다.

나는 팀원들 덕을 많이 본 편이다. 내가 "이 산인가? 아니다, 저 산인가보다!"라고 외치며 헤매고 다닐 때도 묵묵히 따라와 주었고, 귀찮고 힘든 일들을 도맡아 처리해 주었다. 그들은 잘되고 있는 것과 보완해야 할 것들을 모니터링 해주었고, 내가 전체 숲을 볼 수 있을 때까지 기다리며 묵묵히 제 몫을 다해주었다.

그 중에서도 한 팀원은 놀라울 정도로 기억력과 집중력이 좋았다.

중요한 대화 내용을 당시의 상황까지 재현해가며 기억해내고, 문서의 핵심 내용과 행간을 읽어내는 데도 능했다. 나는 상사가 지시한 중요한 과제를 팀 회의 때 공유만 하고 잊어버리고 있었는데, 그 직원이 보고서를 만들어줘서 좋은 평가를 받은 적도 있었다. 그 이후로도 내가 놓친 과제를 정리하고 스스로 진행시켜주기도 했다. 내가 집중력이 떨어져서 망칠 뻔한 위기를 대신 해결해준 것이다.

개인의 몰입과 조직의 몰입

나이가 들수록 한 가지 일에 에너지를 집중하여 몰입하기 어려워진다. 개인의 기억력과 집중력에는 태생적인 편차도 크다. 연령이나 자질에 따라 몰입도가 다를 수밖에 없다. 사람마다 몰입도가 다르다.

조직이나 팀 단위의 몰입은 개인의 몰입과 다르다. 조직의 몰입도는 조직원들의 몰입도를 단순히 합산한 것이 아니다. 조직원 각자의 역할이나 장단점을 조화롭게 구조화함으로써, 몇 배나 되는 몰입도와 성과를 만들어낼 수 있는 것이 바로 조직의 몰입도이다.

조직 구성원 간의 신뢰와 단합이 부족하면 조직의 몰입도가 저해된다. 성과가 나기도 전에 자중지란에 빠져 중단되거나 잘못되기 마련이다.

또한 신뢰와 단합이 있어야 팀원 각자가 자신의 일에 몰입할 수 있다. 개인이 몰입해야 조직도 몰입할 수 있다. 이것이 곧 팀워크다.

목표달성을 위해 일직선으로만 달릴 수 있다면 팀워크의 중요성은 반감된다. 현실에서는 먼 길로 돌아가거나, 길을 잃고 헤매거나,

아예 길 자체가 사라지는 경우가 비일비재하다. 조직 구성원이 끈기 있게 서로의 열정이 발휘되기를 기다려줘야 한다.

우수성 · 높은 수준의
품질 추구

우수성(Excellence)은 정해진 기한 내에 일을 완벽하게 처리하려는 의지이다. 양이 아니라 질을 높이기 위해 꼼꼼함과 치밀함을 가지고 지속적으로 노력하는 성질이다.

탁월한 시간 관리

우수성이 높은 사람들은 일의 진행 과정을 수시로 확인한다. 자연히 일이 깔끔하게 마무리될 확률이 높아진다. 이들은 사후에 문제가 발생하더라도 스스로 책임지고 처리한다. 따라서 자신이 한 일의 성과와 품질에 관심이 높고, 높은 수준의 결과를 내려고 항상 최선을 다한다.

이들은 시간과 자원의 효율적인 사용에 관심이 많다. 과제나 업무에 투입되는 시간을 최소화하고 관리하기 위한 나름의 노하우가 있다. 시간과 자원을 효율적으로 관리하기 때문에 영리하고 유능하다는 평판을 듣는다.

바른 성품

정리정돈을 잘하고 균형 잡힌 사람

우수한 사람은 일의 순서를 정한 뒤에 실행한다. 목차를 정리한 뒤에 표지와 페이지 번호를 확인한다. 인용된 통계자료에 범주가 있어야 하며 정확한 출처를 찾기 위해 노력한다. 일상생활에서도 정리정돈에 시간과 정력을 투입한다. 빨래를 널 때도 자신만의 규칙을 따르며, 설거지가 끝나면 싱크대를 말끔히 정리해 놓는다. 깔맞춤과 줄맞춤에 집착한다.

이들은 질서정연한 대칭성을 사랑한다. 균형에 집착하기 때문이다. 눈에 보이는 모든 것이 균형을 이루고 있어야 안심한다. 대칭적이지 못하고 삐뚤빼뚤한 것은 참지 못한다. 불안감을 느낀다. 이들은 덤벙대는 일이 없다. 차분하게 디테일까지 신경 쓴다. 제출기한을 넘길지언정 완성되지 않은 결과물을 공개하지는 않는다. 주변사람들까지 챙겨주고 조언해준다. 그래서 이들은 항상 바쁘고 부지런하다.

우수할수록 실수가 적다

누구나 실수를 한다. 하지만 실수를 최소화하기 위해 항상 미리 점검하고 꼼꼼하게 체크하는 사람은 많지 않다. 그 정도로 완벽을 추구하는 이들은 남들 눈에도 피곤해 보인다. 자칫하면 강박관념이 될 수도 있다.

그런 사람이 상사가 되면 본인뿐만 아니라 주위 사람들도 피곤해진다. 이들에게 제출할 보고서는 여러 개의 대안과 객관적인 데이터를 충분하게 갖춰야 한다. 그들은 아는 길도 물어가는 사람들이다. 오

탈자가 있어서도 안 되고 대충 넘어가는 법도 없다. 그런 만큼 결과
는 만족스럽다.

우수성의 정의는 가변적

우수함과 열등함은 기준이 무엇인가에 따라 크게 달라진다. 직장이
나 조직이 무엇을 우수한 성과로 정의하느냐도 천차만별일 수밖에
없다. 아무리 완벽한 기안과 보고문서를 올리더라도, 그것이 회사의
정책이나 방향과 다를 수 있다. 문서를 검토하고 승인하는 상사의 입
장과 기준이 다르거나 문서 제출의 시점이나 타이밍이 맞지 않아서
탈락하는 경우도 비일비재하다.

내용이 완벽한 기안도 오탈자 하나 때문에 반려될 수도 있고, 간단
한 아이디어가 적힌 1page의 문서가 최고로 평가될 수도 있다.

장기적으로 보면 결국 우수한 인재는 우수한 평가를 받기 마련이
다. 자신의 능력을 높여 우수한 성과를 내려고 노력하는 기질과 태도
는 조직에서 높은 성과를 내는 직원들의 공통점이다. 대부분의 기업
도 이 사실을 알기에 이러한 자질을 갖춘 후보자들을 채용하기 위해
애쓴다. 인적성검사가 인재 채용과 선발의 중요한 절차가 된 이유가
여기에 있다.

지나친 우수성은 완벽주의로 흐른다

우수성에 집착하면 과도한 완벽주의자로 보일 수 있다. 사소한 일도
그냥 넘어가지 못하고 완벽을 추구하며, 모든 일에 최선을 다하지 않

우수성은 정해진 기한 내에 일을 완벽하게
처리하려는 의지이다.
양이 아니라 질을 높이기 위해
꼼꼼함과 치밀함을 가지고 지속적으로
노력하는 성질이다.

으면 찜찜해한다.

　이들은 차선책에 만족하지 못한다. 빈틈이 없는 완벽한 해결책이라는 확신이 들 때만 실행한다. 최고의 결과가 아니면 만족하지도 않는다. 따라서 엄청난 스트레스를 감내해야 한다.

우수성이 부족하면 늘 대충대충

우수성이 부족한 사람은 일상생활이나 회사 일을 얼렁뚱땅 처리할 때가 종종 있다. 샌드위치 한 조각으로 끼니를 때우기도 하고, 정확하게 짚고 넘어가야 할 일도 좋은 게 좋은 거라며 넘겨버리곤 한다. 사소한 일은 그렇다 쳐도 중요한 일까지 그런 식으로 처리하면 곤란하다. 대충대충 적당히 넘겨버리는 일을 반복하면 안 된다. 자기도 모르게 모든 일을 얼렁뚱땅 처리하는 습관이 들기 때문이다.

　의도하지 않게 남을 속이거나 잘못된 일을 은근슬쩍 넘기기도 한다. 제안서의 작은 금액이 틀렸거나 보고서에서 누락된 부분을 발견하고도 적당히 넘어가는 경우가 그것이다. 이 정도는 괜찮다고 생각해서 하는 행동이겠지만 장기적으로는 신뢰를 잃는 원인이 된다.

성실한 근무태도는 모든 것의 기본

오랫동안 직장에서 인사업무를 하면서 알게 된 사실이 있다. 뛰어난 능력을 갖춘 인재가 늘 우수한 업무성과를 내지는 않는다는 것이다. 자신이 가진 능력을 해당 과제에 얼마나 쏟아내는지가 중요하다.

　"우수한 성과를 내기 위해 기본이 되는 태도는 무엇인가요?"라고 물어보면, 대부분의 인사부서 담당자와 회사 임원진이 "성실성"이라고 대답한다.

직원을 평가하는 다양한 기준 가운데 가장 중요한 기준이 바로 성실성이다. 성실성을 갖춘 사람은 동료와 직장 상사들에게 믿음을 준다. 이제까지 보여줬던 안정된 성과를 꾸준히 지속해 나갈 것이라는 믿음이다. 대부분의 직장 상사는 그런 부하직원을 도와주고 성장시켜주고 싶어 한다.

뛰어난 능력과 언변을 갖추고 탁월한 성과를 보여주는 직원이라 할지라도 성실성이 부족하면 주변 사람들로부터 시기와 질투를 받기 쉽다. 그가 이룩한 성과마저도 우연으로 치부된다. 열심히 노력하지 않고 얻은 성과를 폄하하는 것은 인간의 보편적인 심리이다.

성실성을 보여주는 대표적인 지표는 근태이다. 회사생활을 할 때 기본이 되며 가장 중요한 것이 바로 근태이다. 지각이 잦거나 갑작스럽게 반차를 쓰는 사람, 개인적인 사무로 외출이 빈번한 사람, 즉 근태가 나쁜 사람을 동료나 상사들이 좋아할 리 없다. 조직의 업무를 수행하는 과정에서 안정성과 지속성, 예측 가능성을 해치기 때문이다.

돌발적이고 충동적인 동료가 있으면 조직원 전체가 스트레스를 받는다. 상사도 마찬가지다. 자신이 컨트롤하지 못하는 부하는 더 이상 부하가 아니다. 조직의 안전과 안정을 위협하는 요주의 인물로 낙인찍힐 수밖에 없다.

예측 불가능하고 불성실한 직원에게 주의를 주는 상사가 오해를 받기도 한다. 부하의 성공을 방해하는 나쁜 상사, 꼬투리나 잡는 꼰대로 여겨지는 것이다. 남에게 싫은 소리를 하고 싶어 하는 사람은 없다. 어떤 상사가 불성실하고 책임감 없는 직원을 좋아할 수 있겠는가?

조직생활은 끊임없는 상호작용이다. 스스로를 돋보이게 하기 위해 조직원에게 피해를 주거나 조직원을 곤란하게 한 적은 없는지 항상 주의해야 한다. 스스로 업무능력이 뛰어나다고 생각해서 겸손하지 못하고 불성실한 태도를 보여준 적은 없었는지도 되짚어보자.

합리적이고 정당한 판단 의지, 분별

분별(分別, Distinction)이란 옳고 그름에 대한 무의식적인 구분이자 선택이다. 삼라만상에 대한 바른 생각과 판단이다. 인간은 분별이라는 성품을 통해 학습하고 성장하며, 세상에서 받아들인 정보를 분류·분석하여 저장한다. 세계를 구성하는 개념과 이름을 외우고 겉모습과 작동 방식을 기억하기 위해 애쓴다. 본능적으로 공통점과 차이점을 찾아내서 비슷한 종류끼리 묶는다. 동물과 식물을 관찰하고 자연의 불가사의한 현상을 겪으며 느끼는 모든 감정이 분별의식을 통해 차곡차곡 내재화된다.

인간의 분별의식은 대부분 육아와 학습으로 정립된다. 자신의 체험보다는 부모나 선생님에게서 얻은 간접경험으로 분별에 필요한 준거들을 얻는다. 어린 시절에는 주위 어른이 주는 정보를 그대로 믿을 수밖에 없다.

분별력을 얻기 위해서는 무엇보다 자신의 머리로 생각하고 추론해야 한다. 준거의 조각들은 어른에게서 받겠지만 그것으로 진리를 터득하는 일은 자신의 힘으로 해야 한다. 자신의 판단에 대해 긍정적인 피드백을 받을수록 자기 확신과 신뢰가 자라난다. 그래야만 공과 사, 선과 악을 구분하는 자신만의 가치관을 형성하고 행동에 대한 기준을 갖출 수 있다.

자아의 분별의식은 "목표"와 "사고"를 확장축으로 하는 사분면에서 각각 명석함과 정당함이라는 기초자질로 확장된다. 명석함은 분명하고 똑똑한 생각이나 판단을 의미하며 기획성과 판단성으로 심화한다. 합당함은 사리분별에 대한 판단을 행동에 옮기는 것을 말하며, 전문성과 공정성으로 심화한다.

생각과 판단이 분명하고 똑똑한 명석함

명석함(being Intelligent)을 갖춘 사람은 자기 생각이나 의지가 명확하다. 사고에 깊이가 있으며 총명하다. 눈앞에 닥친 상황보다 중장기적인 미래에 더 큰 관심을 보인다.

이들은 외부환경을 있는 그대로 받아들이거나 타인의 말을 맹목적으로 따르지 않는다. 자신의 내면에서 들려오는 목소리에 귀를 기울이고 그 목소리에 따라 행동하려고 한다. 오랜 시간에 걸쳐 형성된 자신만의 사고방식과 논리를 무엇보다도 중요하게 생각하는 것이다.

유아기에 부모의 생각을 강요하거나 무조건 따르게 하지 말고, 스스로 생각하고 판단하게 해주는 것이 좋다. 습관적으로 "왜?"라는 의문을 갖게 하고, 분별 훈련을 통해 자신의 목적과 기준을 세우고 행동

하도록 해야 한다. 이런 아이들은 주체성이 있고 말귀를 빨리 알아듣기 때문에 자발적이고 적극적으로 행동하고 학습한다. 그 결과 또래 아이들보다 지식의 습득력이 뛰어나다.

실제로 육아를 해보면 이렇게 키우기가 정말 힘들다고 느낀다. 그래도 부모와 교사가 최대한 노력한다면 명석한 자질과 총기가 있으면서도 인성까지 고르게 갖춘 아이로 키울 수 있다. 어려서부터 이렇게 교육받은 아이는 설사 지능이 높지 않더라도 충분히 똑똑한 성인으로 성장할 수 있다.

명석함은 지금 당장의 결과와 보상이 아니라 장기적인 목표 의식을 기반으로 형성된다. 복잡하고 다양한 변수를 고려하고 판단하기 위해서는 고도의 인내심이 요구된다. 최선의 결과를 이끌어내려면 현재가치를 미래가치로 환산할 줄도 알아야 하고, 현재의 결정이 미래에 어떤 영향을 미칠지도 예상할 수도 있어야 한다. 충동적인 사람이나 끈기와 성실성이 부족한 사람은 명석함을 갖추기 힘들다.

기획성 · 장기적인 안목으로
자원을 조직화

기획이란 일을 도모하고 계획하는 것이다. 장기적인 안목으로 자신의 미래를 계획하거나 자신이 속한 조직의 목표를 수립하거나 가용 자원을 효율적이고 효과적으로 조직화하는 활동을 일컫는다.

반복된 질문과 답 찾기의 과정

기획성(Planning)이 있는 사람들은 습관적으로 질문을 던진다. 상상력을 총동원해서 다양한 경우의 수를 계산해본다. "이때는 어떻게 하지?" "그다음은?" "어떤 것들을 준비할까?"

　치밀한 기획은 훌륭한 질문에서 시작된다. 여러 가지 정보를 수집하고 분석함으로써 최선의 답을 도출한다. 정보의 부족이나 상황의 변화로 답을 찾을 수 없으면 본래의 질문으로 되돌아간다. "왜 이 일을 시작한 거지?" 기획은 질문의 반복이다.

명확한 목표설정

기획성이 높은 사람들은 당일치기 여행을 떠나더라도 사전에 목적지와 경로, 예상경비 등을 미리 체크하고 대비한다. 이들은 목표달성에 대한 상세한 이미지(End-Picture)를 가지고 있다. 목표를 명확하게 설정한 뒤에 이를 달성하기 위한 절차와 과정을 구조화하여 구체적인 활동 계획을 수립한다.

적당한 불안감은 이들의 준비성을 더욱 자극한다. 이들이 준비한 플랜B는 돌발적인 상황에서도 당황하지 않게 해준다. 이와 같이 사전에 대비책을 준비해놓기 때문에 플랜A도 좀 더 마음 편하게 실행할 수 있다.

일의 조직화에 능하다

기획성이 있는 사람은 단기적인 계획을 수립하고 일의 우선순위를 정하는 데 능하다. 자신이 작성한 스케줄대로 실행해 나가는 데 재미를 느낀다. 자신이 가진 자원을 효율적으로 조직할 줄도 알고 시간 관리와 품질 관리도 잘한다. 새롭고 다양한 규칙과 방법론을 만들어 내서 자신과 주위 사람들에게 적용해보는 일에도 거리낌이 없다.

이와 같이 기획력은 다양하고 중요한 역할을 수행할 수 있는 고도의 핵심역량이다. 반대로 말하면, 기업 현장에서 두각을 나타낼 만한 기획력을 갖추기 위해서는 기획성이라는 기본 자질뿐만 아니라 업무 능력과 통찰력까지도 종합적으로 갖추어야 한다.

장기적인 안목으로 바라보는 것

기획성이 높은 사람들은 눈앞의 일을 쳐내는 데만 치중하지 않는다. 좀 더 장기적인 문제를 다루고 고민하려고 애쓴다. 지금 이 순간에 벌어지는 일들을 재구성하거나 앞으로 하려는 일에 관련된 것들만 골라내서 따로 분류해보기도 한다.

이미 등장한 변수가 앞으로 어떻게 전개될지, 어떤 변수가 새로 등장할지, 그러한 변수로 상황이 어떻게 발전할지 예측하고 분석하는 데에 즐거움을 느낀다.

다양한 경우의 수를 상정한 뒤 폭넓은 상상력을 동원해서 미래에 대한 조감도를 만들어 나간다. 계획이 틀릴 수도 있지만 계획하는 것 자체만으로도 현상에 대한 이해가 깊어진다고 믿는다. 목적지가 가까워지더라도 안주하지 않고 새로운 계획과 기획을 시작한다. 이들은 일주일 뒤와 일 년 후를 동시에 생각한다.

대의명분을 정확하게 구분한다

기획성이 높은 사람들은 비슷한 결과를 얻을 것이 뻔한데도 여러 가지 선택지를 놓고 고민하곤 한다. 자신이 의사결정을 하는 위치가 아니더라도 결정권자가 최상의 결정을 할 수 있도록 여러 가지 대안을 준비해둔다.

여러 가지 대안 중에서 하나를 선택할 때의 기준은 무엇이 되어야 할까? 나는 대의명분이라고 생각한다. 효율이나 효과가 비슷하다면 결정의 기준은 명분이 되는 게 좋다. 선택을 위해 고려해야 할 이슈나 실패시의 변명, 시장 상황과 여론의 추이, 구성원들의 생각과 관점까지 고려한다면 역시 명분이 중요하다. 아무리 뛰어난 논리나 해결책도 명분이 없으면 추진력을 얻을 수 없다.

명분을 얻으려면 어떻게 해야 할까? 우선 거시적이고 통찰력 있는 시각이 필요하다. 최선의 경우와 최악의 경우를 예상해본 뒤, 각각의 상황에 따른 활로와 퇴로를 미리 생각해두는 것도 좋다.

훌륭한 전략의 수립

훌륭한 전략가는 실현 가능한 실천 방안을 도출할 때 트렌드, 즉 상황의 변화와 일의 흐름을 중요시한다. 일어날 수 있는 문제들을 예측하고, 시급성에 따라 신속하게 대응하며, 구성원들이 적극적으로 동참할 전략을 수립하기 위해서다.

이를 위해서는 조직과 시장에 대한 이해가 필수적이다. 고객, 주주, 협력업체를 비롯한 이해관계자의 니즈를 파악하고, 회사의 제품이나 서비스의 경쟁력을 좌우하는 핵심역량을 정의하며, 사업의 목표를 달성하는 데에 가장 효율적이고 효과적인 방법들을 도출해 내야 한다.

기획성이 지나치면 자괴감에 사로잡힌다

기획지향이 과도한 사람은 사전에 모든 것을 예측하고 준비해야 한다는 부담감을 가지기 쉽다. 모든 것을 계획대로만 하려다 보니 융통성이나 활동성이 떨어져 보이기도 한다. 철저하게 준비하고 준비한

바른 성품

기획성은 장기적인 안목으로 자신의 미래를 계획하거나
자신이 속한 조직의 목표를 수립하거나 가용자원을
효율적이고 효과적으로 조직화하는 성질이다.

대로 실행해 나가려다가 자칫 주위 사람들을 지나치게 통제하려 할 수도 있다. 일정에 따른 진행이 제대로 되지 않으면 스트레스를 받거나, 장애물을 해결하지 못하거나, 자괴감을 느끼기도 한다.

해결책은 자신의 한계를 인정하는 것이다. 완벽한 계획은 존재할 수 없으며, 수많은 변수를 통제할 수도 없다는 사실을 받아들이자.

기획성이 부족하면 경험을 재활용하고 무임승차하기 쉽다

미래를 통찰하는 데는 철저한 분석과 깊은 고민이 필요하다. 양적인 노력과 질적인 노력이 동시에 이루어져야만 미래를 올바로 예측하고 계획할 수 있다.

따라서 기획은 높은 수준의 지능과 풍부한 상상력을 요구한다. 기획성이 부족한 기획자들은 과거의 사례를 답습·각색하거나 자신의 경험을 재활용하려는 유혹에 빠지기 쉽다. 이런 사람들은 조직적인 실행 계획이나 로드맵을 만들지 못하기 때문에 그때그때 상황에 맞춰 임기응변식으로 대응하는 경우가 많으며, 그것마저 실패하면 자포자기하기 쉽다. 이들이 만들어내는 모호한 계획으로 조직 전체가 혼란에 빠지거나 불필요한 갈등이 발생하기도 한다.

기획성이 현저히 낮은 사람은 직장 생활은 물론이고 일상생활도 체계적이지 못하고 의욕이 부족하다. 일의 우선순위와 스케줄을 정하지도 못하고, 정해진 마감기한을 맞추지도 못하며, 하다못해 친구와의 약속시간조차 지키지 못한다.

이들은 마감 시간이 코앞으로 닥치거나 위급한 상황이 되고 나서야 허둥지둥 움직인다. 남들이 하는 일에 참견하거나 훈수를 두면서도, 정작 자기 일에는 집중하지 못하고 간신히 목표량만 맞추기 일쑤다. 그러다 보니 자신의 업무 스킬을 향상시키거나 부가가치를 만들어내는 것을 부담스러워 한다.

회사의 일처리방식, 역할과 권한을 기획하자

퇴근을 앞두고 주변을 정리하거나 모처럼 퇴근 후 약속을 잡아놓았는데, 직장 상사가 갑작스럽게 업무를 지시한다. 일기예보만 믿고 있다가 고스란히 소나기를 맞는 꼴이다. 부하직원의 스케줄이나 마감 시한을 고려하지 않고 일을 쏟아내는 상사는 어느 조직에나 존재하며, 이로 인해 많은 사람이 스트레스를 받는다.

과장급이나 되어야 상사와 직접 협의해서 마감 기한이나 보고 방식을 변경할 수 있다. 일반 사원은 그럴 수 없다. 영업용 미소를 지으며 혼자 삭힐 수밖에.

감히 상사의 면전에서 툴툴거리거나 빈정거릴 수도 없다. 일부러 일을 망쳐서 복수하려는 깜찍한(?) 상상에 빠지기도 하지만 현실에서는 어림도 없는 일이다. 혼이 나는 것은 둘째 치고 자신의 인사고과까지 망가지기 때문이다. 결국 꼼짝없이 야근에, 주말 출근을 할 수밖에 없는 것이 대한민국 직장인의 현실이다.

그뿐만이 아니다. 주위 동료나 관련 부서, 클라이언트나 하청업체도 직장인을 힘들게 한다. 주위 동료나 타 부서와 협업할 때, 자신이 아니라 상대방 때문에 일이 잘못되거나 업무가 진척되지 않는 경우가 비일비재하다.

내가 혼자 할 수 있는 일이면 밤을 새워서라도 하겠는데, 주위에서 허송세월하거나 엉망으로 처리하는 바람에 피해를 보는 경우엔 참으로 억울하기 짝이 없다. 어디 그뿐인가? 다른 사람들 때문에 어그러진 일인데도 정작 책임은 자신이 짊어지기 일쑤다. 직장인이라면 한 번쯤은 이런 일을 겪어봤을 것이다.

이럴 때면 회사 옥상에 올라가서 몰래 눈물을 훔치거나, 퇴근길 지하철역 화장실에 들어앉아서 울어버릴 정도로 극심한 스트레스를 받을 수밖에 없다. 나에게 상담을 신청한 직원들이 실제로 겪은 일들이다. 설사 상대방에게 악의가 없었다 하더라도 일의 타이밍이 맞지 않거나 주위에서 도와주지 않아서 문제가 생기는 것은 참기 힘들다. 조직생활을 하는 사람이라면 공감할 것이다.

이런 모든 사태의 원인이 무엇이라고 생각하는가? 여러 가지 요인이 있겠지만 시스템의 미비가 가장 큰 문제점이다. 시스템이 갖춰져 있지 않다 보니 중복된 업무, 하지 않아도 좋을 업무까지 하게 되고, 이것이 곧 조직을 방만하고 비효율적으로 만든다. 직원들도 지치고 짜증 날 수밖에 없다.

회사의 일은 여러 부서의 협업으로 진행되기 마련이다. 협업할 때도 절차와 체계, 즉 시스템이 필요하다. 조직이 원활하게 돌아가게 하는 일처리 시스템을 제대로 조직화하지 않은 회사는 망할 수밖에 없

바른 성품

다. 이러한 시스템은 기획에서 나온다.

회사를 살리려면 회사의 각 부서가 살아나야 하고, 부서가 살아나기 위해서는 직원 한 명 한 명이 살아나야 한다. 직원들이 살아나게 하려면 일과 사람에 대한 세심한 기획이 필요하다. 매출을 고민하고 영업계획을 짜거나 물건을 만들어내는 일보다 훨씬 어렵지만 가장 중요한 일임을 잊지 말자.

판단성 · 합리적이고 논리적인
의사결정

판단성(Judgment)이란 사물이나 현상을 있는 그대로 인식한 뒤, 객관적인 논리와 근거에 따라 합리적이고 바람직한 결정을 내리려는 성질이다.

올바른 의사결정

사람마다 의사 결정의 방식과 절차가 다르다. 어떤 경우든 현상을 제대로 파악하고 올바른 판단을 내리려면 일반 상식과 전문 지식이 모두 필요하다. 지식이 많을수록 올바른 판단을 내릴 확률도 높아진다.

그러나 지식보다 판단력이 더 중요하다. 아무리 정보가 많아도 판단력이 없다면 성공적인 의사결정을 내릴 수 없다. 판단력을 갖춘 사람은 가치 있는 정보를 수집·선별하고 모든 대안을 객관적으로 검토한다.

판단력이 뛰어난 사람만이 정보와 지식을 객관적으로 취사선택할 수 있고, 자신만의 경험과 논리적인 근거를 활용해서 최선의 선택을

바른 성품

내릴 수 있다.

논리와 분석에 근거한다

판단성이 높은 사람은 복잡하게 얽혀있는 자료의 공통점과 차이점을 빠르고 정확하게 구분해낸다. 복잡하고 방대한 정보의 핵심을 신속하게 파악하며, 이를 근거로 다양한 대안을 도출하는 능력도 탁월하다.

이들은 평소 시간이 날 때마다 다양한 정보를 수집해둔다. 이렇게 축적된 정보를 계량화하고 수치화함으로써 의미 있는 데이터로 가공해 낸다. 이렇게 만들어진 자료는 조직이나 프로젝트를 자신이 원하는 방향으로 끌고 나가는 데 유용하게 활용된다. 대화나 토의를 주도적으로 끌고 나감으로써 자신에게 유리한 결론이 나게 하는 것이다.

판단력이 좋은 사람들은 평소 예리하다는 소리를 자주 듣는다. 이들의 논리와 추리는 상식적이고 논리정연하며 정답에 가깝다. 이들은 충분히 고민한 다음에 행동을 개시한다. 이들이 제시하는 대안이나 결정은 특별한 호소력을 가질 수밖에 없다.

편견에 빠지지 말아야 한다

지금 이 순간에도 우리의 두뇌는 편견과의 전쟁을 치르고 있다. 정보량의 폭증으로 지쳐버린 뇌는 틈만 나면 게으름을 피우고 싶어 한다. 눈이나 귀로 받아들인 정보를 분석하거나 의심하지 않고 무비판적으로 수용하려고 한다. 이것은 "장님 코끼리 만지는 격"이다. 주어진 정보를 종합적으로 분석·통합하지 않고, 자신이 만진 일부분이 코끼리

판단성이란 사물이나 현상을 있는 그대로 인식한 뒤,
객관적인 논리와 근거에 따라 합리적이고 바람직한
결정을 내리려는 성질이다.

전체의 모습이라고 단정하려는 것이다.

이러한 지적(知的) 게으름을 편견이라고 한다. 편견에 빠져서 내린 결정은 심사숙고해서 내린 결정과 충돌할 가능성이 크다. 시간이 지난 후에 뒤늦게 후회하지 않도록, 처음부터 적극적으로 판단력을 발휘하는 것이 좋다.

편견에 사로잡히지 않기 위해서는 스스로 깊이 생각하는 습관을 들여야 한다. 경솔하거나, 한쪽에 치우치거나, 맹목적인 믿음을 가져서는 안 된다. 숲 전체를 보려면 산꼭대기에 올라가서 내려다봐야 하는 법이다. 눈앞에 있는 언덕에 올라가서 본 풍경이 숲 전체의 모습이라고 착각해서는 안 된다.

절대적이고 결정적인 증거라는 확신이 드는 것도 객관적이고 논리적이며 전체적인 관점에서 다시 살펴보자. 그렇게 내린 결정을 세상에 내놓을 때는 또 한 번 심사숙고하는 과정을 거치자. 늦게 출발하는 것이 갔던 길을 되돌아오는 것보다 낫다.

판단성의 토대는 객관적인 피드백

백 번의 칭찬보다 한 번의 비판이 더 강렬하다. 온종일 백 번의 칭찬을 받은 사람도 한 번의 비판 때문에 밤잠을 이루지 못한다.

비판도 성숙하게 받아들이자. 자신을 발전시키는 기회라고 생각하면 된다. 비판하는 사람과의 관계를 더욱 돈독히 할 수도 있다. 비판 당시의 감정이나 상황이 아니라 비판의 내용과 진의에 집중하자. 비판에 담긴 메시지를 객관적으로 평가하고 건설적으로 받아들여야 한다. 그것이 합리적이고 이성적인 판단이자 현명한 처신이다.

직관과 통찰이 필요하다

골프 선수는 퍼팅을 하기 전에 수많은 생각을 한다. 잔디의 상태나 홀까지의 거리, 강약의 조절 등등 선택할 것이 너무나도 많다. 생각이 너무 많으면 정작 스윙이 부자연스러워진다. 퍼팅에 대해 고민하느라 퍼팅 자체를 잘못하게 되는 것이다.

이와 같이 방대한 정보와 다양한 선택지가 항상 최선의 결과를 가져오지는 않는다. 처음에 머릿속에 번득인 느낌이나 아이디어를 따르는 게 나은 경우도 있다. 심사숙고하여 내린 결정보다 경험에서 우러나온 직관에 의한 결정이 더욱 만족스러울 때도 있는 법이다. 직관(Intuition)이란 경험이나 판단, 추리 따위의 사유작용을 거치지 않고 순간적인 감각 혹은 감정으로 판단을 내리는 것을 뜻한다. 시쳇말로 "딱 보면 딱 안다"는 말이다.

그러나 매번 직관에 의존할 수는 없다. 의사 결정 과정은 기본적으로 객관적이고 논리적이어야 하며, 직관은 보조적인 수단으로만 사용되어야 한다. 경험이 부족하거나 선입견이 있다면 더욱 그러하다. 순간적인 판단은 착각이나 오만, 또는 편견일 경우가 더 많다.

비슷한 말로 통찰(Insight)이 있다. 통찰력이 있는 사람은 자신이 오랜 시간 고민하고 공부해온 분야와 관련된 사건이나 사물의 이치를 곧바로 꿰뚫어볼 수 있다. 해당 분야에 대한 지식과 경험이 직관의

바른 성품

수준까지 훈련되고 계발됨으로써 통찰력을 갖게 된 것이다.

통찰력이 있는 사람은 자신의 전문 분야가 아니어도 합리적인 의사결정을 할 가능성이 높다. 훌륭한 판단력은 훌륭한 통찰력을 필요로 하고, 훌륭한 통찰력은 뛰어난 직관을 필요로 하며, 뛰어난 직관은 오랜 시간의 고민과 공부와 경험과 시행착오를 필요로 한다.

의사결정을 제대로 못하는 우유부단한 사람들

지나침은 모자람만 못하다. 지나치게 신중하게 고민하고 검토하고 탐색하다 보면 타이밍을 놓치거나 결론에 도달하지 못할 수도 있다. 판단력은 결단력과 균형을 이루어야 한다.

판단을 해야 할 상황에서 너무 많은 정보에 매몰되면 객관성과 논리성에 의존할 수밖에 없다. 그러나 어떠한 판단도 데이터 그 자체에서 저절로 튀어나오지는 않는다. 객관적인 데이터를 기반으로 판단하되, 통찰력과 경험을 활용하여 신속하고 직관적으로 판단해야 한다.

판단성이 부족한 사람은 성급하고 부주의하다. 의사결정이 빠르다고 해서 결단력이 좋은 것은 아니다.

판단성이 결여된 결정은 위험하다. 객관적인 사실과 전문적인 경험, 오랜 시간 체득된 전문지식을 토대로 충분한 고민과 절차를 거쳐 판단해야 한다. 그렇지 않은 의사결정은 도박이나 마찬가지다. 나중에 어떤 형태로든 책임을 져야 한다는 점에서도 그렇다.

평일 낮 12시가 되면 점심을 먹으러 나온 직장인으로 식당가가 가득 찬다. 사람마다, 부서마다 메뉴를 고르는 방법도 가지각색이다. 부서의 막내에게 물어보거나 윗사람이 가자는 대로 우르르 몰려가기도 한다. 식당 의자에 앉은 뒤에는 메뉴를 정해야 한다. 사람이 많으면 주문하는 일조차 번거로운 절차와 시간이 소요된다.

이와 같이 현대인의 하루는 사소한 선택과 결정으로 이루어져 있다. 중요한 것은 크든 작든 자신이 내린 결정에 책임을 지는 자세와 습관이다.

보통은 부서마다 주변 맛집을 꿰찬 직원이 한둘 있다. 이들이 그날의 점심메뉴를 제안하는 역할을 자주 한다. 특별한 날을 빼면, 모두가 "좋지, 오늘은 거기로 갈까"라고 답한다. 음식을 주문할 때도 다수가 주문하는 메뉴 위주로 주문한다. 결정장애가 있어서가 아니라, 뭘 먹을지 고민하고 주문하는 데 시간을 소비하고 싶지 않아서이다.

사람들은 잘못된 선택에 책임을 지기 싫어한다. 자신이 주문한 음식이 맛이 없으면 스스로를 탓할 수밖에 없다. 그래서 남들이 추천하는 음식이나 파워 블로거가 추천하는 음식을 선택한다. 음식이 맛이 없으면 그들을 탓하면 되기 때문이다. 그렇게 하면 심리적으로 편안함을 느낄 수 있다. 잘못된 선택의 대가를 혼자서 떠안지 않고 타인에게 돌리려는 심리다.

결단력과 판단력을 향상시키려면 자신의 모든 결정에 책임지는 자세를 가져야 한다. 점심메뉴를 고르기처럼 사소한 선택이 일생일대의 선택에 영향을 줄 수 있다. 아무리 사소한 일도 스스로 결정하고 책임지는 습관을 길러야 한다. 타인에게 책임을 돌리는 습관은 자신의 평판을 훼손하고 소탐대실의 결과로 이어질 가능성이 높다.

어느 조직이나 일에 의욕이 없는 상사가 있다. 시한부 직책을 맡았거나, 자신의 상사로부터 인정받지 못했거나, 이직이나 보직 전환을 결심한 경우가 대부분이다. 이런 상사를 모시는 부하는 불행하다. 밤새워 작성한 기획안도 무시당하고, 열정적으로 일해봤자 '뭔지도 모르고 덤빈다'는 핀잔만 듣는다.

반대로 상사가 열심인데 문제인 경우도 있다. 아무 생각 없이 일하거나, 무모한 방식을 밀어붙이거나, 달성 가능성이 없는 목표를 제시하고 상상의 나래를 펴는 상사가 있으면 곤란하다. 이런 사람들의 공통점은 일관성이 없고 혼란스럽다는 것이다. 이것저것 마구 시도해보다가 잘 안 되면 곧바로 새로운 일을 시작한다. 부하직원이 작성한 문서나 아이디어를 무시하고 자신만의 경험과 "촉"에 의존한다.

앞에서 언급한 상사들은 완전히 반대인 것 같지만 사실은 같은 부류다. 정확한 판단에 근거하지 않고 업무를 추진함으로써 조직원들의 사기를 저하시킨다. 이런 상사가 이끄는 조직에는 제대로 된 목표가 없다. 구체적인 목표나 비전이 없으니 팀원들이 일체감을 느낄 수도 없고, 하나의 방향으로 일치단결해서 달려갈 수도 없다.

한 마디로 농기부여가 안 된다. 자신이 하는 일의 가치와 의미도 모르고, 조직이 어디로 굴러갈지도 모르는 상태에서 열심히 일할 사람은 없다. 과거의 판단이 현재를 결정하고 현재의 판단이 미래를 결정한다. 조직의 미래는 우연의 산물이 아니라 과거로부터 현재까지 누적된 판단의 총합이다.

주체적 가치 기준의 확립,
합당함

합당함(being Right)은 자신의 정당성을 믿는 것이다. 합당함을 갖춘 사람의 내면에는 주체적인 가치 기준이 굳건하게 확립되어 있다.

누구나 어린 시절에는 떼를 쓰고 고집을 부린다. 어른들이 보기엔 말도 안 되는 이유를 내세우기도 한다. 이러한 행동은 자기 확신과 높은 자아 강도를 형성하기 위한 연습이다. 미운 다섯 살, 미운 일곱 살에도 나름의 의미와 가치가 있는 셈이다.

노자는 도덕경에서 분별심 없는 눈이 곧 욕심 없는 눈이라고 말한 바 있다. 세상의 더러움에 물든 보통 사람들이 흉내 낼 수 없는 도인의 경지에 올라야 진정으로 이해할 수 있는 말이다. 평범한 우리들은 욕심이라는 본성을 버릴 수 없고 그럴 필요도 없다. 문제는 욕심이 지

나칠 때다.

인간은 필요 이상으로 소유하고 싶어 한다. 욕망의 끝없음만 알고 덧없음은 모른다. 이것이 인간이 동물과 다른 점이다. 그래도 욕심이 있기 때문에 눈앞의 현상이나 사물을 분별하고, 미래를 상상하고 경우의 수를 계산할 수 있다.

인간은 끊임없이, 무의식적으로 분별을 거듭한다. 눈앞에 있든 없든, 과거든 현재든 미래든 가리지 않고 끊임없이 분류하고 판별하려고 한다. 분별의 결과를 바탕으로 앞으로 할 선택을 미리 정하기도 한다. 분별의 경험이 반복되고 축적되면 더 잘 분별할 수 있게 된다. 나이가 많은 사람들이 좀 더 현명할 가능성이 높은 이유가 여기에 있다. 이러한 과정으로 공사를 구분하고, 선악과 공동체 속에서의 매너를 배우고, 최소한의 규약을 내면화함으로써 진정한 사회인이 되어간다. 따라서 연령이나 성장 단계에 맞는 인지 능력을 갖추어야 한다.

합당함의 기준은 절대적이지 않다. 그 기준은 시대와 국가와 지역에 따라 다르다. 법적, 규범적인 측면에서뿐만 아니라 도덕적인 측면에서도 같지 않다. 합당함은 절대적인 규범보다는 합리적인 감정에 더 가깝다.

동시에, 인간으로서 가져야 할 최소한의 합당함은 시대와 장소를 초월해서 보편성이 있다. 성장 과정에서 주위 어른들로부터 배운 규칙이나 규범 이전에, 인간으로서 선험적으로 지닌 분별심이 있기 때문이다. 분별심은 감정과 사고의 발달과 함께 성장해 나간다.

전문성 · 진보하기 위한
끊임없는 노력

전문성(Professional)이란 자신의 발전에 무한한 책임감을 느끼고 능동적으로 학습하며 자기 계발의 기회를 놓치지 않으려고 하는 성질이다. 이들은 경험을 소중히 여긴다. 자신이 배우고 체험하고 연구하는 것을 꾸준히 축적하고 내재화하려 애쓴다.

높은 학습의욕

전문성이 높은 사람은 자신을 계발하려는 의지가 강하다. 현상을 분석하고 인과관계나 상관관계를 알려고 노력한다. 이들은 여행이나 놀이조차도 학습의 기회로 삼는다. 지적 호기심이 강해서 새로운 룰 만들어내기를 좋아한다. 새로운 도전을 즐기며 비판도 겸허히 받아들인다. 비판으로 자신이 더욱 성숙해질 수 있다는 사실을 안다. 더 높은 단계로 진보하고 진화하기 위해 성실하게 노력한다.

정체되기 싫으면 전문성을 길러라

이들은 끊임없이 체득하고 발전해가는 과정 그 자체에서 만족감을 느낀다. 자기계발 기회가 부족한 직장에서 반복적인 직무를 해야 할 때 가장 큰 스트레스를 받는다. 자신을 성장시키지 못하는 일과 무의미한 경험, 지루한 교육 따위에 시간을 허비하는 것을 극도로 싫어한다.

전문성을 개발하려는 욕구는 자신의 부족함을 자각하는 데서 비롯된다. 부족한 지식을 보충하고 새로운 지식을 확장하려는 욕망이 학습 의지를 불러일으킨다. 자신에게 무엇이 부족한지 빨리 깨닫고 채워 넣지 않으면 도태되고 만다는 불안감과 절실한 감정에 사로잡히는 것이다. 끊임없이 발전하고 변화해야 한다는 강박관념과 절박함이 24시간 내내 이들을 몰아붙인다. 자기 일뿐만 아니라 접근 가능한 주위의 모든 사물과 사건에서 무엇이든 깨우치고 얻어가려고 애쓴다. 그들에게는 월급보다 이것이 더 큰 만족감을 준다.

전문성의 다른 이름은 부지런함

뜻이 있어도 재주가 없으면 과업을 완수할 수 없다. 번뜩이는 아이디어와 열정이 있더라도 일정 수준 이상의 전문성이 없으면 성공하기 힘들다. 그러므로 쉼 없는 배움이 필요하다. 자신의 잠재 능력을 발굴해서 단련하고, 다양한 경험과 전문지식을 축적해 나가야 한다. 매일매일 노력하지 않으면 머리와 눈과 손이 녹슨다. 자기도 모르게 고리타분하고 보수적으로 변해간다.

그렇게 되지 않으려면 부지런해야 한다. 게으름은 스스로에게 부끄러운 일이며 자기 자신에 대한 범죄이다. 적어도 전문성이 높은 사람들은 그렇게 생각한다.

학습의지와 함께 성장하는 전문성

전문성을 갖춘 이들은 자신의 분야에서 성공하려면 무엇이 필요하고 무엇을 해야 하는지 잘 안다. 그것은 전문 지식일 수도 있고 인맥일 수도 있으며 아이디어나 멘토 또는 롤모델일 수도 있다. 실패 사례도 반면교사로 삼을 줄 알고, 자신만의 장단점을 잘 구분하여 끊임없이 배우고 정진한다.

자신의 성과를 냉정하게 분석하고, 강점과 약점을 객관적으로 파악하는 용기와 지혜로움이 있다. 여러 계층의 사람들에게서 받아들인 피드백으로 자기 생각과 행동을 바로잡을 줄도 안다. 자신의 기술과 지식을 최신형으로 유지하려고 노력한다. 실수와 좌절로부터 배우려고 하고, 배울 수 있다. 자신의 실패와 약점을 성장을 위한 교보재로 보기 때문에 굳이 숨기려고 하지 않는다.

직장에서는 건전한 성취동기가 있는 열정적인 사람으로 통한다. 주어진 과제가 얼마나 어려운지는 이들에게 중요하지 않다. 오로지 어떻게 해결할지 고민하며, 그것을 위해 자신의 모든 에너지를 쏟아 붓는다. 성장에 대한 이들의 갈망과 꾸준한 학습의지는 개인을 성장시킬 뿐만 아니라 주변 사람들을 변화시키며, 마침내 자신이 속한 조직을 성공에 이르게 한다.

전문성이란 자기 발전에 무한한
책임감을 느끼고 능동적으로 학습하며
자기 계발의 기회를 놓치지 않으려고 하는 성질이다.
전문성이 강한 사람들은 배우고 체험하고 연구하는 것을
꾸준히 축적하고 내재화하려 애쓴다.

끊임없는 생각을 요구한다

오랫동안 공부했는데도 그 지식을 제대로 발휘하지 못하는 경우가 종종 있다. 지식과 노하우는 더 이상 폐쇄적이지 않다. 간단한 검색만으로 필요한 정보를 쉽게 찾고 인용할 수도 있다. 외워서 소유하는 것이 더는 경쟁력이 아닌 세상이다.

지식보다 더욱 중요한 것은 전문가적 기질과 센스이다. 머리로 익힌 지식은 정작 중요한 때에 능숙하게 활용할 수 없다. 남들보다 많이 배웠으나 유능하지 않고 가르치며 리드하지 못하는 사람들이 적지 않다. 개인심리학을 주창한 심리학자 알프레드 아들러(Alfred Adler)도 인간은 이해하는 것보다 아는 것이 더 많다고 하였다.

활용하지 못하는 지식은 무의미하다. 삶과 인생에 대한 통찰이 없는 지식은 공허하다. 끊임없이 이치를 따지고 분별해나가야 한다. 바람이 멈추면 바람이 아니듯이, 생각하지 않는 인간은 인간이 아니다.

전문성이 부족하면 나태해지고 열등감과 교만함에 사로잡힌다

전문성이 낮은 사람들은 자기계발을 위해 그다지 노력하지 않는다. 현재의 지위와 역할에 편안함을 느껴서 자신을 발전시키기 위해 노력할 이유를 느끼지 못한다. 자신을 압박할 이유도 느끼지 못하며, 주변 사람들이나 상황에서 압박을 받으면 귀찮아하거나 스트레스를 받을 뿐이다.

이런 사람들은 고인 물처럼 정체될 위험이 크다. 자신이 왜, 무엇을, 어떻게 발전해 나가야 하는지 목표나 계획이 없기 때문에 주변의 도움이 필요하다. 그러다 보니 중요한 발전 기회를 잃는 일도 종종 발생한다.

자신의 분야에 전문성이 부족한데 개선하려는 의지까지 없는 사람은 열등감에 사로잡히기 쉽다. 자신을 알아주지 않고 무시하는 주변 사람들에 대한 분노로 방어기제가 작동하는 것이다.

문제는 이러한 행동이 영향력을 발휘하는 경우이다. 나이나 위계를 내세운 "갑질"이 통하는 순간 짜릿한 권능감을 맛본다. 한두 번 그런 감정을 맛본 사람은 마약에 중독되듯이 거기에 중독될 수밖에 없다. 마약 중독자가 점점 더 강한 마약을 찾듯이, 전문성이 부족한 사람은 열등감을 보상받고자 위계에 따른 권력을 행사하거나, 상사에게 아부하면서 아랫사람에게는 전횡을 휘두르는 행태를 보인다.

즉시 전력감을 찾는 기업들

승진을 거듭하면서 입사 당시의 초심을 잃고 마음가짐이나 행동이 변하는 사람들이 많다. 사람보다 목표를 더 중시하는 경우가 가장 흔하다. 조직 구성원을 인간이 아니라 기계의 부속품처럼 생각하게 된다. 물론 관리자가 되어 업무의 내용이나 목표가 바뀌면 그렇게 될수도 있다. 중요한 것은 변화 자체가 아니라 변화에 대한 준비 자세와 마음가짐이다.

관리자가 된 후에 좋은 관계를 유지하던 동료들과 서먹하고 불편한 관계가 되는 사람들을 적지 않게 보았다. 승진에는 순서가 없기 때문에 상사가 부하직원보다 어릴 수도 있고, 늦게 들어온 동기가 먼저 발탁되기도 한다.

이럴 때 동료나 팀원을 직책이나 직위로 누르려고 하면 반감을 살수 있다. 자신의 위치와 역할이 요구하는 전문성을 갖추면 동료나 팀원은 자연스럽게 따라올 것이다. 전문성을 갖춘 사람은 자기도 모르는 사이에 권위와 카리스마와 아우라를 내뿜는다.

직책이 높아지면 그에 걸맞은 전문성을 갖추어야 한다. 승진이 아니라 전문성이 개인의 미래를 열어주고 인맥과 지도력과 성과를 만들어주는 시대가 되었다. 사람이 바뀌는 것이 아니라 역할이 변하는 것이다. 승진하더니 사람이 변했다는 말은 이제 퇴근 후 술자리에서조차 의미 없는 말이 되어버렸다.

'개천에서 용났다'는 말이 있다. 고등고시에 합격하거나, 노점상으로 시작해서 거대 프랜차이즈를 만들거나, 차고에서 창업해서 거대기업의 CEO 자리에 오르는 사람들에게 주로 쓰던 말이다.

그러나 개천에서 용나던 시대는 이미 끝났다. 사회가 고도화되고직업이나 사업의 종류가 세분되었으며, 경쟁의 범위 자체가 예전과달라졌다는 것을 그 이유로 들 수 있다. 개천이라고 할 만큼 열악한교육환경 또한 거의 사라진 상황이다. 책 살 돈이나 급식비가 없어서공부를 못 하는 청소년은 거의 없다.

명문대 졸업장은 더 이상 채용시장의 프리패스가 아니다. 유능한인재에 대한 기업의 시각은 바뀌었다.

오늘날 각 기업은 현장에서 축적된 경험이나 노하우를 갖춘 인재를 원한다. 시쳇말로 "즉시 전력감"을 찾는다. 또한 지식의 양보다 실제 상황에서의 응용력과 활용력을 더 중요하게 생각한다. 새로운 지식을 습득하고 자기 것으로 만들려는 의지와 가능성이 있는 인재, 빠르게 변화하는 세계 속에서 기업이 처한 문제와 도전을 창의적으로 해결할 인재를 원한다.

이에 따라 국가와 정부가 나서서 산업현장에 적합한 인재를 개발하고 육성하기 위해 국가직무능력표준(NCS; National Competency Starndards)을 만들었고, 이를 토대로 현장중심의 전문인력이 양성되고 있다. 이러한 흐름이 말해주는 것은 명확하다. 시간이 지날수록 전문성의 중요성이 점점 더 커진다는 점이다.

인재 발굴과 육성이 절실한 때

전문성은 어떻게 길러야 할까? 많은 청년이 견문을 넓히기 위해 해외로 나간다. 더 넓은 세상과 부딪혀서 경험을 쌓기 위해서다. 아는만큼 보이고, 보는 만큼 알 수 있다. 세상의 다양한 모습과 몰랐던 부분을 알게 될 때, 과거의 자신이 얼마나 미숙했는지 깨달을 때, 사람은 성장하고 싶은 욕구를 느낀다. 이러한 욕망을 자기 발전의 기회로 삼는 사람만이 전문성을 키울 수 있다. 책상에 앉아 달달 외운 이론과 지식으로 전문성을 키우던 시대는 이미 지났다. 더 넓은 세상을 직접 보자. 고민만 하지 말고 일단 움직이자. 움직이지 않으면 풍경은 바뀌지 않는다.

넓은 세상을 경험함으로써 얻은 전문성은 업무 성과를 높여줄 뿐만 아니라, 사람을 상대하는 방식과 자세도 변화시켜 준다. 보고 듣고 경험한 것이 많은 사람은 그렇지 못한 사람보다 더 넓고 깊은 인간관계를 구축할 수 있다.

자신의 가치를 높이기 위해서는 지속적으로 경험을 쌓아야 한다. 진정한 경험은 책상이 아니라 세상에서만 얻을 수 있다. 그렇게 쌓인 경험을 바탕으로 전문성을 개발하고, 그렇게 얻은 전문성을 발휘하여 다양한 문제에 빠르고 효과적으로 대처해야 한다. 세상은 그런 인재를 원한다.

숲과 나무를 동시에 볼 수 있어야 한다. 땀을 뻘뻘 흘리며 산꼭대기에 올라 숲의 광활함을 두 눈으로 직접 보는 동시에 나무 하나하나의 성질과 쓰임도 아는 인재가 되어야 한다. 이런 인재가 전문가로, 나아가 리더로 성장해야 한다. 그런 리더만이 숨은 인재를 발굴하여 각각의 쓰임에 맞게 등용하고 성장시킬 수 있다.

더 나은 미래를 위한 최선의 의사결정은 인재의 발굴과 육성이다.

공정성 · 정당함을
지키는 용기

공정성(Fairness)이란 공평하고 올바르다고 판단하는 것을 따르고자 하는 성질이다. 공정성에는 형평성과 공사(公私)의 구분, 도덕성과 같은 개념이 포함된다.

이치에 따르는 것

공정함이란 마땅히 지켜야 할 도리와 이치를 따르는 것이다. 공정성을 보유한 이들은 사리사욕을 위해 대세를 거스르거나 편법을 사용하지 않는다. 이들은 다수가 정한 원칙과 법규를 준수하는 것이 마땅하다고 믿으며, 상식과 평균이라는 사회적 테두리를 벗어나지 않고, 남을 험담하지 않으며 자신의 욕망을 타인에게 강요하지 않는다. 이들은 평등, 형평성, 공공성과 같은 보편적 가치를 준수하며 자신이 옳다고 생각하는 일은 자발적으로 행한다. 이런 사람들이 주위의 모범이 되는 것은 당연하다.

공정성은 정직한 태도에 달렸다

거짓이나 꾸밈없이 바르고 곧은 성질을 솔직함이라 한다. 공평무사를 바탕으로 정당성, 공정성, 윤리성 및 상호 신뢰를 중요시하는 기본 성질이다.

솔직한 사람은 개방적이다. 사람과 사물에 대한 사리분별과 호불호를 개방적으로 드러낸다. 진심 어린 마음이 말과 행동에 그대로 드러나 오해의 여지가 적고 예측할 수 있다. 결과적으로 주위의 신뢰를 얻을 뿐만 아니라 안정적인 협력관계를 구축할 수 있다.

정직하다는 것은 사실을 있는 그대로 나열하는 것만을 뜻하지 않는다. 자기 생각이나 의견, 입장을 사리사욕이나 숨겨진 의도 없이 공정하고 꾸밈없이 드러내는 것을 뜻한다. 공정하고 정직한 사람들은 곤란한 순간을 모면하기 위해 거짓말을 하거나 경거망동하지 않는다. 이들이 일관성을 가장 중요하게 여기기 때문이다. 상황이나 상대에 따라 완급과 강약을 조절하지도 않고, 숨기거나 사족을 달지도 않는다. 정직성은 오랫동안 지속적이고 일관되게 나타나는 정당한 태도이다.

도덕과 윤리 없이는 공정성도 없다

공정성을 갖춘 사람은 공사의 구분이 매우 분명하다. 규칙을 어기지 않으며 사회 관습과 규범을 준수한다. 위세에 굴복하지 않으며 윗사람의 잘못된 청탁이나 요구도 받아주지 않는다. 예의범절에 엄격하며 잔꾀를 부려 남을 속이지 않는다. 장난으로라도 거짓말을 하지 않으며, 사사로움에 빠지지 않고 도리를 지키고자 노력한다. 사익을 얻으려고 남을 속이거나, 눈앞의 편의를 취하려고 교활하게 행동하지 않는다. 올바르게 살기 위해 애쓴다.

확고한 가치관의 실현

공정성이 높은 사람은 자신의 감정을 잘 다스린다. 주관이 뚜렷하고 이성적으로 행동한다. 다른 사람의 말이나 행동에 쉽게 휘둘리지 않고 일희일비하지 않는다. 칭찬 한마디에 들뜨거나 작은 일에 우울해하지 않는다.

이들의 말과 행동에는 객관적인 이유와 견해가 있다. 스스로가 정당하다는 믿음이 있으므로 숨기지도 않고 주저하지도 않는다. 타협의 여지가 없는 확고한 가치관이 서 있기 때문에 사람들의 신망을 얻는다. 공정성이 높은 사람은 주변의 평가와 신망도 높아서 주위 사람들의 충성심과 열정을 이끌어내기 쉽다.

이들은 언행일치를 중요시한다. 지킬 수 없는 약속은 하지 않으며 한번 내뱉은 말은 반드시 지키려고 한다. 곤란한 상황에 처하더라도 핑계를 대지 않으며, 정해진 스케줄을 지키려고 최선을 다한다. 자신의 게으름 때문에 기한을 연기하는 일은 상상도 하지 못한다. 자신의 말에 끝까지 책임을 진다. 겉과 속이 일치하고 처음과 끝이 한결같다.

분별을 둔 차이

사회적 구조와 경제적 메커니즘은 공정하게 작동하지 않는다. 인생

공정성이란 공평하고 올바르다고 판단하는 것을
따르고자 하는 성질이다.
공정성에는 형평성과 공사(公私)의 구분,
도덕성과 같은 개념이 포함된다.

은 분명 불공평하며, 우리 모두 그것을 알고 있다.

부의 세습이나 전관예우와 같은 거창한 이야기를 하려는 것이 아니다. 악당이나 위선자나 무책임한 자들에게도 한없는 아량과 용서를 베풀어야 한다는 소리는 더더욱 아니다. 현실이 불공평하다고 해서 그것을 개선하려는 노력까지 의미가 없지는 않다는 말이다.

우리 사회가 좀 더 공정해지도록 모두가 노력해야 한다. 공정성은 이 세계가 유지되기 위한 최소한의 도리이자 가치이다. 공정성의 잣대로 현실을 정확하게 분별하고, 그렇게 파악된 선과 악의 정도에 따라 합당한 상벌과 차별을 해줘야 한다. 사심이나 편견을 배제하고 명분과 공적만으로 신상필벌 했던 제갈공명의 사례는 공평무사(公平無私)의 좋은 예이다.

공정성에는 사회적 센스가 필요하다

사회생활을 하다 보면 뜻하지 않게 외압을 받거나 제 식구 감싸기를 해야 하는 상황이 생긴다. 지금까지는 관행이라는 말로 어물쩍 넘어갔더라도, 이제부터는 보편적인 기준이나 원칙을 더 중요시해야 한다. 장기적으로 볼 때 온정주의와 끼리끼리 문화보다 서양식 합리주의가 더 바람직하다.

우리는 어려서부터 사소한 거짓말이나 핑계를 대곤 했다. 학창시절에는 커닝을 하기도 했다. 특히 8, 90년대 대학가에서는 중간·기말고사 때 교수님에 대한 편지만 쓰고 나와도 낙제를 면할 수 있었다. 알면서도 눈감아주는 것, 친하니까 넘어가주는 것이 사회 전체에

만연했다.

이런 것들을 융통성과 이심전심의 미덕이라고 여기던 시절도 있었다. 이제는 그렇지 않다. 미덕이 아니라 자의적인 편의주의이며, 사회 전체의 공정성과 청렴성을 저해하는 잘못된 관습이라는 인식이 꾸준히 확산되었기 때문이다. 그 결과, 한국 사회의 청렴성과 시스템은 예전보다 많이 나아졌다.

무조건 직진만 하라는 건 아니다. 여자친구가 "나 이 옷 어울려?"라고 물어볼 때마저 객관성과 정직성을 발휘할 필요는 없다. 그건 정직한 게 아니라 센스가 없는 것이다. 적당한 배려와 우호적인 태도, 부드러운 소통과 같은 사회적 센스도 갖추어야 한다. "나 오늘 어때?"라는 질문을 받고 1초 이상 고민하지 말고 즉시 대답할 수 있어야 한다. 센스 있는 사람은 정직성이 필요할 때와 그렇지 않을 때를 구분할 줄 안다.

마찬가지로 친구나 가족과 대화에서도 사회적 센스를 발휘해야 한다. 친밀한 관계일수록 선을 지켜야 한다. 상대가 잘 되기를 바라는 악의 없는 마음이라 할지라도, 상대의 잘못을 지적하거나 충고를 할 때는 매우 조심해야 한다. 그렇지 않으면 서로의 마음을 알면서도 관계가 소원해지기 십상이다. 친할수록 존중해야 한다. 수십 년의 우정과 사랑도 말 한마디 때문에 산산조각 날 수 있다.

공정성이 지나치면 아집에 빠지고 비판에만 몰두한다

직장생활을 하면서 너무 솔직하다는 말을 들을 때가 있다. 칭찬 같지만 칭찬이 아닌 경우가 더 많다. 앞뒤 문맥을 다 잘라버리고 오해받기 좋은 부분만 전달하거나, 상대방의 눈치를 살피지도 않고 자신의 주장만 일방적으로 내세울 때 하는 말이기 때문이다. 한 마디로 센스가 없다는 뜻이다.

이런 사람들은 심하면 동료들에게서 왕따를 당하기도 한다. 다시 말하지만 공정성과 정직성에도 센스가 필요하다. 정직하게 개방하는 것만이 능사는 아니다. 동료의 입장이나 주위 상황에 맞춰 완급을 조절해야 한다. 자신만의 주장이나 궤변을 나열하는 것은 정직성과 무관하다. 객관적으로 봐도 자신이 옳다고 생각될 때는 공개적인 토론을 하는 편이 좋다. 성숙한 조직이라면 주류와 동떨어진 생각에도 귀를 기울여줄 것이다.

비평과 비판은 다르다. 모든 일이 이치에 맞게 결정되고 있는지 의문을 품고 적극적으로 의견을 개진하는 것이 비평이다. 비판이나 비난은 부정적인 측면만을 부각하는 것이다. 비평은 조직에 이득이 되지만 비난은 해가 된다. 비판은 때에 따라 득이 될 수도 있고 실이 될 수도 있다.

윤리나 도덕의 문제는 옳고 그름이 존재하므로 비교적 판단하기 쉽다. 공정성이나 절차, 형평성의 문제 등에는 정답이 없는 경우가 더 많다. 철석같이 옳다고 믿었던 것이 틀릴 수도 있다. 짧은 지혜와 좁은 식견 때문이다.

자기 생각이나 지식을 맹신하지 말고 거기에 매몰되어서도 안 된다. 자신이 틀릴 수 있다는 가능성에 마음을 열어둔다면, 비평이 아닌 비난을 하는 일도 없어질 것이다.

솔직하지 않으면 신뢰받지 못한다

우리는 솔직하고 개방적인 사람을 좋아하고 따른다. 솔직함과 개방성은 상호신뢰의 첫걸음이다. 그래서 말 못 할 비밀을 털어놓기도 하고, 상대가 관심을 가질 만한 이슈에 대해 의견을 공유하기도 한다. 악수가 서로의 손에 무기가 없는 것을 보여주는 행위에서 출발했듯이, 자신의 내면을 먼저 드러내는 사람을 무의식적으로 정직하다고 믿어버린다. 그러나 이것만으로는 정직성을 흉내 낸 기만인지, 친밀감을 형성하기 위해 가식적으로 꾸며낸 것인지 알 수 없다.

진심을 솔직하게 드러내지 못하는 사람은 말과 행동에 일관성이 없다. 주변 사람들이 그를 믿을 수도 없고 말과 행동을 예측하기도 어렵다. 자신의 처지와 상황에 따라 다르게 판단하고 반응하기 때문에 주위의 불신이 쌓인다. 무의식적인 불안감으로 눈빛이 불안정하고 자세도 불편해 보인다.

솔직한 척, 어리숙한 척하며 상대를 칭찬하거나 듣기 좋은 소리를 하는 사람들이 있다. 그렇게 함으로써 상대방의 호감을 얻고 자신의 이익이나 입장을 지킬 수 있다고 생각하기 때문이다.

그러나 이러한 태도는 장기적으로 신뢰를 잃게 하고 적대감을 유발할 수 있다. 가식적인 태도와 거짓된 언행은 오래 가지 못한다. 진심이 없는 말과 행동은 노련한 처신이 아니라 자신의 영혼을 좀먹는 나쁜 버릇일 뿐이다.

편법은 공정성 결핍의 결과

공정성이 현저히 떨어지는 사람들은 협상을 유리하게 이끌려고 할 때도 불법이나 편법의 유혹에 빠지기 쉽다. 일의 진행 과정이나 결과에 대해 투명하게 피드백을 주고받는 것을 부담스러워한다. 결과를 위해 수단을 가리지 않으려고 하고, 다른 사람들의 공로를 인정하는 데도 인색해서다.

혹시 주위에 이런 사람이 있는데, 그가 남의 시선을 신경 쓰지 않는 타입이라면 가까이하지 않는 것이 좋다. 사회적으로 위험한 행동을 벌일 가능성이 높다.

정직성과 윤리성은 낭중지추(囊中之錐)

기업이 인재를 선발하는 절차는 대부분 비슷하다. 첫 번째 절차는 서류 접수와 검토이다. 지원자가 정성껏 작성한 서류를 꼼꼼하게 검토해서 회사와 잘 맞을법한 사람들을 추려낸다.

두 번째는 입사지원서의 내용이 맞는지, 실제로 그런 경험을 했는지 확인하기 위한 실무면접 단계이다. 이때 다양한 문답을 통해 실제 경력사항을 체크하게 된다. 대부분 두 번째 절차에서 합격과 불합격이 결정된다. 서류심사 단계에서는 알 수 없는 인성도 두 번째 단계에서 확인할 수 있다.

그러나 경력과 인성도 위조할 수 있다. 나는 채용 과정에서 그런 지원자들 때문에 곤욕을 치른 적이 있었다. 그런 일을 당할 때마다 한동안 인간 불신에 시달릴 수밖에 없었다.

첫 번째 서류 심사 단계를 통과한 뒤 면접에 합격한 입사지원자가 있었다. 회사 내규에 따라 입사시에 인사기록표를 상세하게 기록하였고, 여러 가지 증빙 서류와 공문서를 인사부서에 제출하였다. 가장 중요한 문서는 10년 이상의 공기업 근무를 증명하는 경력증명서였다. 그 지원자는 원본이 아니라 팩스로 서류를 제출했는데, 나는 의심 없이 받아들였다. 그때까지는 입사지원자가 서류를 위조하는 일이 단 한 번도 없었기 때문이었다. 그때의 나는 '설마 공문서를 위조하겠어?'라고 안일하게 생각했다. 그 합격자는 무사히 입사해서 회사에 다니기 시작했다.

진실은 입사 후 1년이 지나서야 밝혀졌다. 그가 실제로 공기업에서 근무한 기간은 단 6개월이었다. 6개월짜리 경력 증명서를 10년짜리로 위조한 뒤, 흐릿하게 복사해서 팩스로 회사에 제출한 것이다.

그의 경력에 비해 업무성과가 부족해서 보직전환을 고민하던 중, 그의 입사 서류를 다시 확인하다가 알게 된 일이다. 사실 확인을 제대로 하지 못한 내 잘못이었다. 해당 입사자에게 상당한 배신감이 들었고 공문서도 얼마든지 위조할 수 있다는 사실을 깨달았다.

이 일에 대한 처리는 신속하게 이뤄졌다. 잘못된 채용에 따른 인사 행정상의 기회비용이 또다시 발생하는 것을 막기 위해서였다. 그는 결국 업무수행능력의 부족과 입사서류 위조를 이유로 퇴출당하고 말았다. 정직하지 못한 성품이 업무에서도 나타난 것이다. 성품과 성공은 결코 떼어 놓을 수 없다.

또 다른 예를 살펴보자. 출근 로그인을 회사 인트라넷이 아니라 자택 컴퓨터에서 하고 나서 느지막이 출근하던 부서장이 있었다. IP주소가 남는다는 걸 모르던 그는 거의 매일 이런 수법(?)을 썼다.

그뿐 아니라 근무시간 중에도 종종 잠수를 타는 바람에 팀원들이 그를 찾아다니기 일쑤였다. 팀원들에게 동기를 부여하기는커녕 그들의 몰입과 충성도를 저해하고 있었다. 그는 중요한 회의 때 격한 감정을 드러내면서 임원과 갈등을 일으키더니, 회의가 끝나기도 전에 나가버렸다.

결국 그는 회사에서 방출되었다. 남다른 창의성과 직무능력으로 최상의 성과를 보여주는 인재였지만, 불성실한 근태와 부족한 정직성, 잦은 돌발행동이 그 모든 성과를 무색하게 만들고 말았다.

이 두 가지의 예를 통해서 알 수 있듯 직장에서의 성공은 개인의 정직성과 윤리성에도 관련이 깊다. 뛰어난 능력과 학력, 화려한 커리어와 인맥이 있어도 공정성과 같은 핵심 성품이 결여되어 있다면 오래가지 못한다. 주머니 속에 넣어둔 송곳처럼, 언젠가는 반드시 튀어나오기 마련이다.

바른 성품

맺음말

성공의 핵심은
'균형'의 탄탄한 기초공사

우리의 성품은 가정과 학교에서의 교육을 통해 1차적으로 형성된다. 그 이후에 다양한 매체에서 받아들인 정보와 지식, 주변 사람들의 말과 행동 등으로 성품을 계속 확장해간다. 성장 과정에서 성품의 확장은 반드시 일어나며, 일어나야 한다. 나는 줄곧 그렇게 믿어 왔다.

　이 책에서는 사람의 성품이 완성되는 과정을 크게 3단계로 나누어 살펴보았다. 유아기에 형성되는 네 가지의 기초 성품과 초등학교 때 좀 더 다양한 관계에 노출되면서 형성되는 여덟 가지의 기초자질, 성인기의 시작과 함께 확장·완성되는 열여섯 가지의 기본역량이 바로 그것이다. 자신이 속한 조직을 건강하고 역동적인 조직으로 만들고 싶은 사람, 위대한 성과를 이루고 싶은 사람이라면 이러한 성품 항목 중에서 무엇 하나라도 소홀히 여겨서는 안 된다.

성품의 균형을 이루지 못한 사람은 끊임없이 문제를 일으킨다. 당신은 자신이 그런 사람이 아니라고 100% 확신할 수 있는가? 조금이라도 자신이 없다면 이 책에 수록된 설문지를 한 번 작성해보자. 설문의 결과로 자신의 성품이 얼마나 균형을 이루고 있는지 알 수 있다.

평균 수명의 추이를 보건대 내게 남은 인생은 이제까지 살아온 만큼일 것이다. 앞으로 내 삶이 어떻게 흘러갈지 모르겠지만, 이 책이 하나의 기념비이자 전환점이 되리라 믿어 의심치 않는다. 인사부서의 리더로서 다양한 직무와 직책과 회사를 경험하며, 조직과 개인의 성장과 발전을 위해 오랫동안 고민해온 결과물이기 때문이다.

한 권의 책을 세상에 내놓는 이 순간이 참으로 떨린다. 이 떨림이 독자의 가슴과 머리를 울리고, 더 나아가 우리 사회 전체에 작은 울림을 준다면 좋겠다. 울림은 곧 파동이고, 파동은 곧 에너지이자 빛이다. 그런 에너지와 빛을 계속해서 내뿜으며 살아가고 싶다. 그만큼 이 세상이 더 나아지리라 믿는다.

회사가 원하는 인재와 인재가 원하는 회사가 서로 일치하지 않는 경우를 흔히 본다. 회사가 직원에게 기대하는 가치를 갖추지 못한 직원들도 많다. 그 중에서도 회사가 요구하는 성품모형을 갖추지 못한 경우가 대다수다. 대한민국 직장인을 괴롭히는 문제와 고민들은 거의 여기에서 비롯된다.

이러한 현실을 극복하는 방법은 무엇일까? 바로 차이를 조정하고 균형을 맞추는 것이다. 어떠한 조직도 모든 구성원에게 최고의 직위, 최선의 관계, 최대한의 성공을 보장해줄 수는 없다. 현실에서는 대개 최하의 직위, 최악의 관계, 최소한의 성공을 얻는다. 그러니 더 많이 가지려고 애쓰기보다는 이미 가진 것들을 균형 있게 재배치하는 편이 훨씬 효율적이고 효과적이다.

다시 말하지만 성공의 핵심은 성품의 균형, 직무의 균형, 인간관계의 균형, 일과 가정의 균형을 잡는 것이다. 균형이라는 기초공사가 튼튼한 사람만이 더 많은 성취와 더 높은 지위를 얻는다. 나만의 견해가 아니라 이 책을 쓰는 과정에서 만난 수많은 전문가와 연구 논문들이 인정하는 객관적인 사실이다.

평생 인사 관리와 인재 육성을 고민하고 연구해온 나 자신이 바로 이런 책을 갈망해왔다. 자신의 성품을 개발하고자 노력하는 사람들에게, 조직을 관리하고 이끌어가느라 악전고투하는 사람들에게 이 책이 작은 불씨이자 위로가 되면 좋겠다.

부족한 나로 하여금 사람에 대한 사랑과 관심을 잃지 않도록 도와주신 분들이 떠오른다. 그분들의 도움은 내 성품의 가장 큰 밑거름이었다. 조직 구성원의 육성과 개발을 위해 소중한 시간을 함께해준 인사부서 팀원들에게도 감사의 말을 전한다. 그대들은 메마른 땅에 내리는 단비처럼 힘과 용기를 주었다.

새로운 출발을 묵묵히 지켜보며 응원해준 가족 모두에게 변함없이 사랑한다고 말하고 싶다. 가족들이 보내준 한결같은 따스함이 없었다면, 내 성품도 튼실한 열매를 맺지 못했을 것이다. 이 책을 쓰는 동안에 도움을 주신 모든 분들께 다시 한 번 감사의 마음을 전하고 싶다.

한 사람의 성장은 우리 모두의 몫이다.

부록

16가지 성품 자가진단 설문지

16가지
성품
자가진단
설문지

1. 귀하의 16가지 기본역량이 얼마나 균형 잡혀 있는지 확인해볼 자가진단 설문입니다.

2. 설문은 전체 16가지 영역에서 각 10문항씩, 총 160개의 문항으로 구성되어 있으며, 각각 1점부터 5점까지 점수를 체크할 수 있습니다.

  - 5점: 그렇다
  - 4점: 그런 편이다
  - 3점: 보통이다(그런 편도 있고, 그렇지 않은 편도 있다)
  - 2점: 그렇지 않은 편이다
  - 1점: 아니다

3. 귀하의 평상시 행동이나 감정을 있는 그대로, 솔직하게 기입하면 됩니다.

4. 설문을 마치고 각 항목의 합산점수를 구한 뒤, 마지막 장에 있는 그래프에 해당하는 점수까지 색칠해보기 바랍니다.

창의성

문항	아니다	아닌 편이다	보통 이다	그런 편이다	그렇다
1. 호기심이 많고 관심 분야가 다양한 편이다.	1	2	3	4	5
2. 영화를 중간 정도까지 보면 어느 정도 결말을 예상할 수 있다.	1	2	3	4	5
3. 웹툰이나 영화로 만들면 좋을 것 같은 스토리가 떠오른 적이 있다.	1	2	3	4	5
4. 다른 사람들의 별명을 잘 지어주는 편이다.	1	2	3	4	5
5. 생활의 모든 면에서 평범함보다 특별함이 좋다.	1	2	3	4	5
6. 궁금한 것이 있으면 반드시 찾아서 확인해 본다.	1	2	3	4	5
7. 문제나 현상들을 개념화 하는 것을 좋아한다.	1	2	3	4	5
8. 혼자만의 상상에 잘 빠지는 편이며 가끔은 공상을 즐길 때가 있다.	1	2	3	4	5
9. 다양한 것에 관심이 많아 동료들이 나를 만물박사라 부르기도 한다.	1	2	3	4	5
10. 관심이 한군데에 집중되지 않고 매우 다양한 분야의 책을 읽는다.	1	2	3	4	5
창의성의 합산점수	( )점				

41이상 탁월한 수준　　**37~40** 우수한 수준　　**33~36** 양호한 수준　　**29~32** 조금 부족한 수준　　**28이하** 미흡한 수준

융통성

문항	아니다	아닌 편이다	보통 이다	그런 편이다	그렇다
1. 유도리 있다는 말을 자주 듣는다.	1	2	3	4	5
2. 모르는 것이 있으면 주변사람에게 물어보는 것이 어렵지 않다.	1	2	3	4	5
3. 새롭거나 좋은 것을 발견하면 주변 사람들에게 알려준다.	1	2	3	4	5
4. 후배들의 행동에 대해 꾸짖음 보다는 칭찬을 잘하는 편이다.	1	2	3	4	5
5. 모르면 모른다고 쉽게 인정하는 편이다.	1	2	3	4	5
6. 나의 단점에 대해서 잘 알고 이를 보완하려고 노력한다.	1	2	3	4	5
7. 다른 사람의 아이디어를 지지해주는 경우가 많다.	1	2	3	4	5
8. 기존의 익숙한 방식보다 새로운 방법으로 시도해보는 것이 즐겁다.	1	2	3	4	5
9. 상대방의 의견을 잘 따르는 편이다.	1	2	3	4	5
10. 나보다 나은 경쟁자의 장점이나 훌륭함을 쿨하게 인정하는 편이다.	1	2	3	4	5
융통성의 합산점수	( )점				

44이상 탁월한 수준　　**41~44** 우수한 수준　　**37~40** 양호한 수준　　**33~36** 조금 부족한 수준　　**32이하** 미흡한 수준

낙천성

문항	아니다	아닌 편이다	보통 이다	그런 편이다	그렇다
1. 내가 하는 일은 대부분 잘 될 것이라고 생각한다.	1	2	3	4	5
2. 힘든 일을 할 때도 웃을 수 있는 여유를 가지고 있다.	1	2	3	4	5
3. 다른 사람과 의견다툼이 발생하면 주로 참아주는 편이다.	1	2	3	4	5
4. 상대방의 단점보다 장점을 잘 보는 편이다.	1	2	3	4	5
5. 털털하고 경쾌한 사람이다.	1	2	3	4	5
6. 매우 자존심 상하는 일을 겪은 날도 쉽게 잠을 자는 편이다.	1	2	3	4	5
7. 이제까지의 내 인생은 그럭저럭 괜찮은 편이었다.	1	2	3	4	5
8. 아무리 속상한 일이 있어도 화를 내지 않는 편이다.	1	2	3	4	5
9. 부당한 비난에도 쉽게 상처받거나 절망하지 않는다.	1	2	3	4	5
10. 그래도 우리나라 정도면 살만한 나라라고 생각한다.	1	2	3	4	5
낙천성의 합산점수	(			)점	

40이상 탁월한 수준　**36~39** 우수한 수준　**32~35** 양호한 수준　**28~31** 조금 부족한 수준　**27이하** 미흡한 수준

공감성

문항	아니다	아닌 편이다	보통 이다	그런 편이다	그렇다
1. 사람들의 기념일이나 생일을 잘 기억하는 편이다.	1	2	3	4	5
2. 가족에게 이것저것 챙겨주는 것을 좋아한다.	1	2	3	4	5
3. 친구들 사이에 다소 미묘한 대립관계를 가장 빨리 알아채는 편이다.	1	2	3	4	5
4. 주위 사람들이 좋아할 만한 선물을 잘 고르는 편이다.	1	2	3	4	5
5. 슬픈 영화를 보면 잘 우는 편이다.	1	2	3	4	5
6. 다른 사람들의 고민 상담을 잘 해주는 편이다.	1	2	3	4	5
7. 예의 바르고 매너 있다는 소리를 자주 듣는 편이다.	1	2	3	4	5
8. 남을 돕는 일에 관심이 있으며 기회가 생기면 봉사활동에도 참여하겠다.	1	2	3	4	5
9. 겸손하다는 평가를 받는 편이다.	1	2	3	4	5
10. 주변 사람들과 다투는 일이 거의 없다.	1	2	3	4	5
공감성의 합산점수	(			)점	

44이상 탁월한 수준　**40~43** 우수한 수준　**36~39** 양호한 수준　**32~35** 조금 부족한 수준　**31이하** 미흡한 수준

소통성

문항	아니다	아닌 편이다	보통 이다	그런 편이다	그렇다
1. 다른 사람들의 이야기를 잘 들어주는 편이다.	1	2	3	4	5
2. 설득이나 협상을 잘 하는 편이다.	1	2	3	4	5
3. 학창시절 앞에 나서서 의견을 발표하는 것을 좋아했다.	1	2	3	4	5
4. 인사성이 좋은 편이다.	1	2	3	4	5
5. 내 생각을 다른 사람들에게 쉽게 이해시키는 편이다.	1	2	3	4	5
6. 지위가 높은 사람과 대화해도 잘 긴장하지 않는다.	1	2	3	4	5
7. 조리 있게 말을 잘한다는 소리를 자주 듣는 편이다.	1	2	3	4	5
8. 눈치가 빠른 편이다.	1	2	3	4	5
9. 모르는 사람에게 먼저 말을 거는 편이다.	1	2	3	4	5
10. 토론할 때 발언 내용이 주제에 적절한지를 재빨리 파악해낸다.	1	2	3	4	5
소통성의 합산점수			(	)점	

42이상 탁월한 수준   **38~41** 우수한 수준   **34~37** 양호한 수준   **30~33** 조금 부족한 수준   **29이하** 미흡한 수준

협동성

문항	아니다	아닌 편이다	보통 이다	그런 편이다	그렇다
1. 여러 사람이 함께하는 일에 적극적으로 참여하는 편이다.	1	2	3	4	5
2. 다른 사람의 부탁을 거절하지 못하고 가능하면 들어주려고 하는 편이다.	1	2	3	4	5
3. 나만의 노하우나 정보를 다른 사람과 적극적으로 공유한다.	1	2	3	4	5
4. 내가 싫어하는 사람이라도 같은 팀이라면 먼저 나서서 도와주는 편이다.	1	2	3	4	5
5. 내가 주도적으로 해결한 문제이더라도 팀 전체에게 공로를 돌린다.	1	2	3	4	5
6. 여러 사람들과 서로 도움을 잘 주고받는 편이다.	1	2	3	4	5
7. 생면부지의 사람을 돕기 위해 헌금을 하거나 헌혈을 한다.	1	2	3	4	5
8. 내가 속한 팀의 팀원들은 대체로 좋은 사람들이다.	1	2	3	4	5
9. 전체의 의견이라면 양보하고 따르는 편이다.	1	2	3	4	5
10. 행사나 모임에 참여하지 않으려는 친구들을 설득하여 참여하게 만든다.	1	2	3	4	5
협동성의 합산점수			(	)점	

43이상 탁월한 수준   **39~42** 우수한 수준   **35~38** 양호한 수준   **31~34** 조금 부족한 수준   **30이하** 미흡한 수준

도전성

문항	아니다	아닌 편이다	보통 이다	그런 편이다	그렇다
1. 변화에 힘들어 하지 않고 잘 적응하는 편이다.	1	2	3	4	5
2. 내게 주어진 업무 외에 끊임없이 새로운 일거리를 찾는다.	1	2	3	4	5
3. 다른 사람들이 어려워하는 일에 도전하는 것을 좋아한다.	1	2	3	4	5
4. 경쟁이 치열할 때 더 노력하는 경향이 있다.	1	2	3	4	5
5. 지루함을 참지 못하는 편이다. 지겨운 것보다는 차라리 힘든 게 낫다.	1	2	3	4	5
6. 다른 사람보다 더 잘 해서 인정받을 때 신이 난다.	1	2	3	4	5
7. 모두가 비슷한 것보다 노력한 만큼 보상받을 수 있는 보상체계가 좋다.	1	2	3	4	5
8. 승패를 떠나서 다른 사람들과 경쟁하는 것 자체가 재미있다.	1	2	3	4	5
9. 때를 기다리는 것보다 정면돌파를 하는 게 낫다.	1	2	3	4	5
10. 실패해도 비교적 쉽게 털고 일어나는 편이다.	1	2	3	4	5
도전성의 합산점수	( )점				

39이상 탁월한 수준　**35~38** 우수한 수준　**31~34** 양호한 수준　**27~30** 조금 부족한 수준　**26이하** 미흡한 수준

활동성

문항	아니다	아닌 편이다	보통 이다	그런 편이다	그렇다
1. 누구를 만나도 쉽게 친해지는 편이다.	1	2	3	4	5
2. 호기심이 강한 편이고 감정에 충실하다.	1	2	3	4	5
3. 성급하고 즉흥적이라는 말을 들은 적이 있다.	1	2	3	4	5
4. 사람들과 어울려 이야기 하는 것을 좋아한다.	1	2	3	4	5
5. 사람들을 잘 웃기며 분위기 전환을 잘한다.	1	2	3	4	5
6. 처음 보는 사람과 대화하는 것이 어색하지 않다.	1	2	3	4	5
7. 나의 친구들은 다른 친구들의 안부를 나를 통해 아는 경우가 많다.	1	2	3	4	5
8. 유머감각이 있고 분위기를 부드럽게 만들어주는 편이다.	1	2	3	4	5
9. 일과 관련해서 알게 된 사람과 종종 개인적인 친분을 맺는다.	1	2	3	4	5
10. 일단 부딪혀 보고 판단한다.	1	2	3	4	5
활동성의 합산점수	( )점				

41이상 탁월한 수준　**37~40** 우수한 수준　**33~36** 양호한 수준　**29~32** 조금 부족한 수준　**28이하** 미흡한 수준

바른 성품

지도성

문항	아니다	아닌 편이다	보통 이다	그런 편이다	그렇다
1. 사이가 좋지 않은 친구들을 중간에서 서로 화해시킬 수 있다.	1	2	3	4	5
2. 학교 다닐 때 학급이나 학교 임원을 해본 적이 있다.	1	2	3	4	5
3. 카리스마나 리더십이 있다는 말을 들은 적이 있다.	1	2	3	4	5
4. 사람들과 토의할 때 흐름을 잘 파악하여 의견들을 잘 정리한다.	1	2	3	4	5
5. 선배들보다 후배들과 잘 어울리고, 후배들에게 인기도 많다.	1	2	3	4	5
6. 가장 중요하고 어려운 일을 기꺼이 맡는 편이다.	1	2	3	4	5
7. 게임에서 리더는 거의 내가 도맡아 했다.	1	2	3	4	5
8. 친구나 동료들 사이에서 룰이나 규칙을 잘 만드는 편이다.	1	2	3	4	5
9. 함께 해야 하는 일을 명확하게 분배하여 나누어줄 수 있다.	1	2	3	4	5
10. 내가 칭찬받는 것보다 내가 이끄는 팀이 칭찬받는 게 더 좋다.	1	2	3	4	5
지도성의 합산점수	( )점				

42이상 탁월한 수준   **38~41** 우수한 수준   **34~37** 양호한 수준   **30~33** 조금 부족한 수준   **29이하** 미흡한 수준

주도성

문항	아니다	아닌 편이다	보통 이다	그런 편이다	그렇다
1. 내가 맡은 일은 항상 자신감 있게 처리하는 편이다.	1	2	3	4	5
2. 어떤 상황에서도 나 자신의 판단을 가장 중요하게 생각한다.	1	2	3	4	5
3. 남들이 힘들다고 하는 일도 잘 해낼 수 있다.	1	2	3	4	5
4. 일이 많아도 남에게 미루지 않고 스스로 해결해 나간다.	1	2	3	4	5
5. 귀찮고 하찮은 일이라도 필요하다면 자발적으로 하는 편이다.	1	2	3	4	5
6. 누가 할 일인지 명확히 정해지지 않은 일이 있으면 내가 나서서 처리한다.	1	2	3	4	5
7. 동료들에 비해 같은 업무를 훨씬 빨리 처리한다.	1	2	3	4	5
8. 자기 주관이 뚜렷한 편이다.	1	2	3	4	5
9. 학창시절 때 학교에 불만스러운 부분은 직접 찾아가 해결했다.	1	2	3	4	5
10. 집단의 분위기는 내가 주도해서 이끌어 나간다.	1	2	3	4	5
주도성의 합산점수	( )점				

44이상 탁월한 수준   **40~43** 우수한 수준   **36~39** 양호한 수준   **32~35** 조금 부족한 수준   **31이하** 미흡한 수준

몰입성

문항	아니다	아닌 편이다	보통 이다	그런 편이다	그렇다
1. 무협지나 드라마에 빠져서 밤늦게까지 잠을 자지 않은 경험이 있다.	1	2	3	4	5
2. 어려운 목표를 달성하는 것이 더 즐겁고 가치가 있다고 생각한다.	1	2	3	4	5
3. 고집이 세다는 말을 자주 들었다.	1	2	3	4	5
4. 내가 맡은 일을 해내는 것 자체에서 재미를 느낀다.	1	2	3	4	5
5. 회사 일이 너무 재미있어서 가슴이 두근거린 적이 있다.	1	2	3	4	5
6. 끈기가 있는 편이다.	1	2	3	4	5
7. 일의 시작과 끝을 내가 컨트롤해야 직성이 풀리는 편이다.	1	2	3	4	5
8. 어떤 일을 맡아도 열의와 관심을 가진다.	1	2	3	4	5
9. 여러 가지보다 한 가지를 완벽하게 잘하는 것이 더 좋다.	1	2	3	4	5
10. 어떤 일에 꽂히면 무슨 일이 있어도 완수하는 편이다.	1	2	3	4	5
몰입성의 합산점수	( )점				

43이상 탁월한 수준　**39~42** 우수한 수준　**35~38** 양호한 수준　**31~34** 조금 부족한 수준　**30이하** 미흡한 수준

우수성

문항	아니다	아닌 편이다	보통 이다	그런 편이다	그렇다
1. 정리정돈을 잘 하고 부지런한 편이다.	1	2	3	4	5
2. 기한 내에 과제를 마무리하여 제출한다.	1	2	3	4	5
3. 내 일을 처리하고서도 동료들을 도와주느라 늘 바쁘다.	1	2	3	4	5
4. 빈틈이 없고 철저하다는 소리를 자주 듣는다.	1	2	3	4	5
5. 일을 시작하기 전에 우선 목차와 표지, 제목부터 정한다.	1	2	3	4	5
6. 늘 대안과 플랜 B를 생각해두는 편이다.	1	2	3	4	5
7. 과제를 제출하기 전까지 몇 번이고 잘못된 부분은 없는지 확인한다.	1	2	3	4	5
8. 항상 양보다 질이다.	1	2	3	4	5
9. 내가 일을 맡으면 믿음이 간다는 이야기를 자주 듣는다.	1	2	3	4	5
10. 스스로 완벽주의자다.	1	2	3	4	5
우수성의 합산점수	( )점				

43이상 탁월한 수준　**39~42** 우수한 수준　**35~38** 양호한 수준　**31~34** 조금 부족한 수준　**30이하** 미흡한 수준

바른 성품

기획성

문항	아니다	아닌 편이다	보통 이다	그런 편이다	그렇다
1. 아침에 눈을 뜨면 하루 일과를 머릿속에 그려본다.	1	2	3	4	5
2. 어딜 가더라도 필요한 준비물을 빠뜨리지 않는다.	1	2	3	4	5
3. 무슨 일을 하든 일단 스케줄을 짠 뒤에 시작한다.	1	2	3	4	5
4. 한 달 단위의 계획을 비교적 상세히 세워두는 편이다.	1	2	3	4	5
5. 예상되는 상황이나 질문에 대해 대비하는 편이다.	1	2	3	4	5
6. 메모를 잘 한다.	1	2	3	4	5
7. 무슨 일이든 시작할 때 일의 결말을 대충 알고 있다.	1	2	3	4	5
8. 초등학교 때, 방학숙제를 마지막에 몰아서 하지 않고 여유를 갖고 했다.	1	2	3	4	5
9. 다른 사람이 나에게 전략가라고 인정해주는 편이다.	1	2	3	4	5
10. 인터넷을 통해 필요한 정보를 쉽게 찾는 편이다.	1	2	3	4	5
기획성의 합산점수	( )점				

43이상 탁월한 수준 **39~42** 우수한 수준 **35~38** 양호한 수준 **31~34** 조금 부족한 수준 **30이하** 미흡한 수준

판단성

문항	아니다	아닌 편이다	보통 이다	그런 편이다	그렇다
1. 내가 내리는 결정은 크게 틀리지 않고 잘 들어맞는 편이다.	1	2	3	4	5
2. 논리적으로 차분하게 대화하는 편이다.	1	2	3	4	5
3. 주위 사람들은 나에게 의견을 구하는 경우가 자주 있다.	1	2	3	4	5
4. 복잡한 내용이나 자료 안에서 핵심을 잘 파악하는 편이다.	1	2	3	4	5
5. 식당에서 식사메뉴를 고르는 일에 망설임이 없다.	1	2	3	4	5
6. 주변 사람들로부터 예리하다는 소리를 자주 듣는 편이다.	1	2	3	4	5
7. 우유부단하지 않다.	1	2	3	4	5
8. 다양한 통계자료를 보는 것이 재미있다.	1	2	3	4	5
9. 직관력과 통찰력이 좋은 편이다.	1	2	3	4	5
10. 감정보다 이성적이고 객관적이다.	1	2	3	4	5
판단성의 합산점수	( )점				

42이상 탁월한 수준 **38~41** 우수한 수준 **34~37** 양호한 수준 **30~33** 조금 부족한 수준 **29이하** 미흡한 수준

전문성

문항	아니다	아닌 편이다	보통 이다	그런 편이다	그렇다
1. 누구보다도 내가 관심 있는 분야의 공부를 많이 하는 편이다.	1	2	3	4	5
2. 지금 당장 내 분야에 대한 책을 쓴다고 해도 한 권 분량은 채울 수 있다.	1	2	3	4	5
3. 반복적이고 다양한 업무를 싫어한다.	1	2	3	4	5
4. 내 분야에 대해서 아직도 배우고 익혀야 할 게 많다고 생각한다.	1	2	3	4	5
5. 일이 힘든 것보다 더 나쁜 건 발전이 없는 것이다.	1	2	3	4	5
6. 학창시절에 열심히 공부했다.	1	2	3	4	5
7. 내 분야와 관련된 잡지나 블로그를 찾아보는 편이다.	1	2	3	4	5
8. 지금보다 더 나은 사람이 되기 위해 꾸준히 노력한다.	1	2	3	4	5
9. 시간이 나면 도서관에도 들리고, 평소에도 책 읽는 것을 좋아한다.	1	2	3	4	5
10. '이것만은 나한테 물어봐'라고 말할 수 있는 분야가 있다.	1	2	3	4	5
전문성의 합산점수	(			)점	

42이상 탁월한 수준　**38~41** 우수한 수준　**34~37** 양호한 수준　**30~33** 조금 부족한 수준　**29이하** 미흡한 수준

공정성

문항	아니다	아닌 편이다	보통 이다	그런 편이다	그렇다
1. 더 나은 사회를 위해 필요하다면 세금을 더 많이 낼 용의가 있다.	1	2	3	4	5
2. 다른 사람들을 대할 때 공평하고 공정하게 대한다.	1	2	3	4	5
3. 공사의 구분이 뚜렷한 편이다.	1	2	3	4	5
4. 뭔가 잘못되었을 때도 비교적 솔직하게 털어놓고 이야기하는 편이다.	1	2	3	4	5
5. 주위 사람에게 모범이 되는 행동을 하는 편이다.	1	2	3	4	5
6. 학창시절에 시험 때 컨닝을 하지 않았다.	1	2	3	4	5
7. 사소한 약속도 잘 지키는 편이며 운전할 때 정지선도 잘 지킨다.	1	2	3	4	5
8. 규칙이나 규범을 따르기 위해 노력한다.	1	2	3	4	5
9. 예의범절을 지키는 것을 매우 중요하게 생각한다.	1	2	3	4	5
10. 나는 도덕적인 사람이다.	1	2	3	4	5
공정성의 합산점수	(			)점	

45이상 탁월한 수준　**41~44** 우수한 수준　**37~40** 양호한 수준　**33~36** 조금 부족한 수준　**32이하** 미흡한 수준

16가지 기본역량의 균형결과표

아래 그래프는 16가지의 기본역량에 대한 귀하의 개발수준과 확장패턴을 보여줍니다. 타고난 기질이 얼마나 골고루 개발되고 있는지를 살펴볼 수 있으며, 이를 통해 균형 있는 자기개발 방향을 수립할 수 있습니다.

자가진단 설문지의 각 항목별 합산점수를 구한 뒤 아래 그래프에 해당하는 점수까지 색칠해보시기 바랍니다. 다음 쪽에 나온 예시 그래프와 분석 내용을 참고하여 자신의 성품을 스스로 진단해보세요.

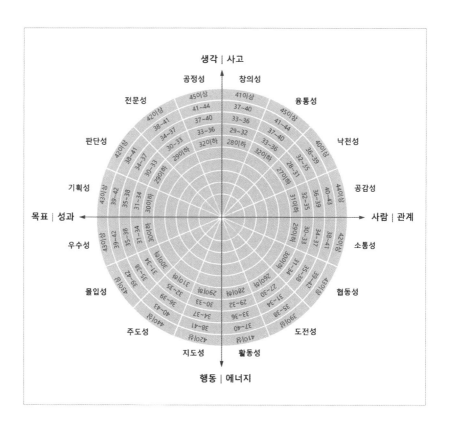

예시 그래프와 분석

직업상황에서 성과 중심, 사고 중심의 성향을 보입니다. 미래를 예측하고 일을 기획함과 동시에 세부사항까지도 치밀하게 준비할 줄 알며, 해당 분야에 프로의식이 있고 지속적인 학습의지가 뚜렷합니다. 승부근성과 끈기로 일에 집중하여 목표를 달성하지만 동료를 배려하고 함께 일하는 데 서투릅니다. 친밀한 대인관계를 유지하기 어려운 편입니다. 전형적인 지시적 리더십 스타일을 지니고 있습니다. 심사숙고한 판단과 단호한 결정을 선호합니다. 자신은 평가받기를 거부하고 다른 사람을 칭찬하는 데 인색합니다. 일이 예상과 다르게 어긋나면 쉽게 당황할 수 있으며 높은 스트레스의 원인이 됩니다.

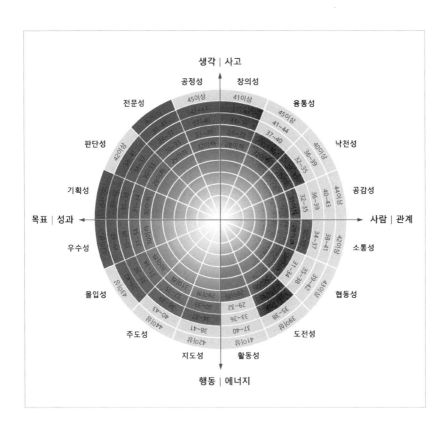

창의성　표준화된 검사시 평균 3.47, 표준편차 0.91로 조사되었으며, 아주 높은 수준의 신뢰도를 보인다. 자기응답점수가 낮은 편인데 여성에게서 이런 경향이 두드러진다. 이 척도에서 높은 점수를 받은 사람은 주도성에도 우수한 수준을 보일 가능성이 높다. 양호한 수준이라면 일상적인 상황에서 탐구, 흥미, 관심, 호기심, 아이디어, 독창성, 업무혁신의 개발수준이 평균적임을 뜻한다.

공감성　표준화된 검사시 평균 3.85, 표준편차 0.83으로 조사되었으며, 높은 수준의 신뢰도를 보인다. 자기응답점수가 높은 경향을 보인다. 나이가 많을수록 이런 경향이 두드러진다. 이 척도에서 높은 점수를 받은 사람들은 소통성, 협동성, 공정성에도 우수한 수준을 보일 가능성이 높다. 양호한 수준이라면 일상적인 상황에서의 배려, 이타심, 타인이해, 분위기파악, 대인신뢰, 민주성, 겸양심의 개발수준이 평균적임을 뜻한다.

소통성　표준화된 검사시 평균 3.62, 표준편차 0.93으로 조사되었으며, 높은 수준의 신뢰도를 보인다. 여성일수록 자기응답점수가 높은 경향을 보인다. 이 척도에서 높은 점수를 주는 남성은 지도성, 주도성에도 우수한 수준을 보이고, 여성은 낙천성, 공감성에 우수한 수준을 보이는 경우가 많다. 양호한 수준이라면 일상적인 상황에서의 언변력, 표현력, 설득 및 협상력의 개발수준이 평균적임을 뜻한다.

활동성　표준화된 검사시 평균 3.47, 표준편차 1.04로 조사되었으며, 아주 높은 수준의 신뢰도를 보인다. 양호한 수준이라면 일상적인 상황에서의 인적 네트워킹, 친화력, 인맥의 개발수준이 평균적임을 뜻한다.

융통성　표준화된 검사시 평균 3.90, 표준편차 0.74로 조사되었으며, 일반적인 수준의 신뢰도를 보인다. 자기응답점수가 높은 경향을 보인다. 양호한 수준이라면 일상적인 상황에서의 수용, 타인인정, 개방성, 접근, 협상의 개발수준이 평균적임을 뜻한다.

낙천성　표준화된 검사시 평균 3.27, 표준편차 1.01로 조사되었으며, 일반적인 수준의 신뢰도를 보인다. 자기응답점수가 낮은 경향을 보인다. 양호한 수준이라면 일상적인 상황에서의 명랑, 긍정사고, 자기통제, 스트레스관리의 개발수준이 평균 정도임을 뜻한다.

협동성　표준화된 검사시 평균 3.66, 표준편차 0.96으로 조사되었으며, 높은 수준의 신뢰도를 보인다. 이 척도에 높은 점수를 받은 사람은 공감성, 공정성에도 우수한 수준을 보인다. 하지만 자기응답점수와 타인의 평가가 상이하게 나오는 대표적인 척도이기도 하다. 양호한 수준이라면 일상적인 상황에서의 팀워크, 팀지향성, 협조, 정보공유, 공동체의식의 개발수준이 평균적임을 뜻한다.

도전성　표준화된 검사시 평균 3.23, 표준편차 1.03으로 조사되었으며, 아주 높은 수준의 신뢰도를 보인다. 자기응답점수가 낮은 경향을 보인다. 양호한 수준이라면 일상적인 상황에서의 열정, 모험, 변화, 시도, 경쟁, 우직함, 승부근성의 개발수준이 평균적임을 뜻한다.

지도성　표준화된 검사시 평균 3.64, 표준편차 0.91로 조사되었으며, 높은 수준의 신뢰도를 보인다. 남성일수록, 나이가 많을수록 자기응답점수가 높은 경향이 보인다. 양호한 수준이라면 일상적인 상황에서의 신뢰형성, 동기부여, 지적고무, 리더십, 권한이양, 조정력, 갈등중재, 권위 및 통솔력의 개발수준이 평균적임을 뜻한다.

점수의 해석

주도성 　표준화된 검사시 평균 3.72, 표준편차 0.84로 조사되었으며, 아주 높은 수준의 신뢰도를 보인다. 나이가 많을수록 자기응답점수가 높은 경향을 보인다. 이 척도에서 높은 점수를 받은 사람은 지도성, 우수성, 소통성에서도 우수한 수준을 보여준다. 양호한 수준이라면 일상적인 상황에서의 자발, 자기확신, 능동성, 솔선수범, 적극성의 개발수준이 평균적임을 뜻한다.

우수성 　표준화된 검사시 평균 3.73, 표준편차 0.90으로 조사되었으며, 높은 수준의 신뢰도를 보인다. 나이가 많을수록 자기응답점수가 높은 경향을 보인다. 높은 점수를 받은 사람은 몰입성, 기획성에서 우수한 수준을 보일 가능성이 높다. 양호한 수준이라면 일상적인 상황에서의 세부지향, 완결지향, 원칙준수, 품질, 철저함, 치밀함의 개발수준이 평균적임을 뜻한다.

판단성 　표준화된 검사시 평균 3.59, 표준편차 0.98로 조사되었으며, 높은 수준의 신뢰도를 보인다. 나이가 많을수록, 남성일수록 자기응답점수가 높은 경향을 보인다. 높은 점수를 받은 사람은 주도성, 기획성, 전문성에서도 우수한 수준을 보이는 경우가 많다. 양호한 수준이라면 일상적인 상황에서의 정보수집, 분석, 자료, 논리, 통계, 자료지향, 통찰력의 개발수준이 평균적임을 뜻한다.

공정성 　표준화된 검사시 평균 3.99, 표준편차 0.67로 조사되었으며, 높은 수준의 신뢰도를 보인다. 자기응답점수가 아주 높은 경향이 있다. 나이가 많을수록 그 특성이 두드러진다. 양호한 수준이라면 일상적인 상황에서의 이치, 모범, 도리, 윤리, 예의범절, 공사구분, 윤리, 규범, 솔직, 신뢰, 믿음의 개발수준이 평균적임을 뜻한다.

몰입성 　표준화된 검사시 평균 3.71, 표준편차 0.94로 조사되었으며, 높은 수준의 신뢰도를 보인다. 나이가 어릴수록 자기응답점수가 낮은 경향을 보인다. 이 척도에 높은 점수를 받은 사람은 낙천성이 전형적인 수준인 경우가 많다. 양호한 수준이라면 일상적인 상황에서의 열정, 추진력, 끈기, 좌절극복, 인내의 개발수준이 평균적임을 뜻한다.

기획성 　표준화된 검사시 평균 3.61, 표준편차 0.96으로 조사되었으며, 높은 수준의 신뢰도를 보인다. 이 척도에서 높은 점수를 받은 사람은 지도성, 몰입성에도 우수한 수준을 보인다. 나이가 많을수록 자기응답점수가 높은 경향을 보인다. 양호한 수준이라면 일상적인 상황에서의 계획, 준비, 전략, 예측, 미래의 개발수준이 평균적임을 뜻한다.

점수의 해석

전문성 　표준화된 검사시 평균 3.58, 표준편차 0.86으로 조사되었으며, 높은 수준의 신뢰도를 보인다. 자기응답점수가 낮은 경향을 보인다. 나이가 어릴수록 이러한 경향을 두드러진다. 양호한 수준이라면 일상적인 상황에서의 프로의식, 지식, 노하우, 노력, 학습의지의 개발수준이 평균적임을 뜻한다.